跨越3个世纪震撼全球教育的

全新解读
西尔斯亲密育儿经典

宋璐璐 编著

嘿!
我是早教书

中国财富出版社

图书在版编目（CIP）数据

全新解读西尔斯亲密育儿经典/宋璐璐编著.— 北京：中国财富出版社，2017.6

（嘿！我是早教书）

ISBN 978-7-5047-6518-5

Ⅰ.①全… Ⅱ.①宋… Ⅲ.①儿童教育-家庭教育 Ⅳ.①G78

中国版本图书馆CIP数据核字（2017）第150131号

策划编辑	刘 晗	责任编辑	张冬梅 郑晓雯		
责任印制	梁 凡	责任校对	孙会香 卓闪闪	责任发行	董 倩

出版发行	中国财富出版社		
社　　址	北京市丰台区南四环西路188号5区20楼	邮政编码	100070
电　　话	010-52227588转2028/2048（发行部）	010-52227588转321（总编室）	
	010-68589540（读者服务部）	010-52227588转305（质检部）	
网　　址	http://www.cfpress.com.cn		
经　　销	新华书店		
印　　刷	北京竹曦印务有限公司		
书　　号	ISBN 978-7-5047-6518-5/G·0682		
开　　本	710mm×1000mm 1/16	版　次	2018年4月第1版
印　　张	15.75	印　次	2018年4月第1次印刷
字　　数	283千字	定　价	39.80元

版权所有·侵权必究·印装差错·负责调换

总 序

写在前面的话

可怜天下父母心，在培养孩子上父母都是不遗余力地使出浑身解数，目的只有一个，那就是让孩子成为有用之才。是的，孩子是父母最大的寄托。

在教育孩子上，方法有很多，但是哪一种方法更为有效呢？

研究证明，孩子接受教育越早越好，甚至早到孩子出生之前。于是，早教成了爸爸妈妈们必须温习和钻研的"功课"。

现在，早教已经被爸爸妈妈们所认可。许多父母都能如数家珍地说出蒙台梭利、斯宾塞、卡尔·威特等一大串儿权威的教育家的名字。

在这个领域，国外的早教经验比较丰富，开展得也较早，形成许多权威性的理论。但是在引进这些外国经验时出现了一些争议，有的认为必须全盘接受，有的认为西方的经验不适合中国国情，有的认为可以借鉴，不一而足。无论哪一种观点，都是出于对孩子的负责任，目的是让孩子能接受最适合的早期教育。

纵观当前许多流行的早教书，大多是国外名家的著述，鲜有详尽解读其精髓、按照本土的阅读习惯而精心编排的。由于国外著作理论性强，有些理论交叉在不同的章节中，大家在阅读学习时，显得既费时又费力，还很难懂。

正因为如此，我们才决定下大力气去研读国外的各种早教著述，找出更适合中国父母的早教方法。由于东西方文化的差异、历史成因的不同，在思想上和方法上也有着一定的不同。但是，总体上来说，基本规律还是相同的，那就是孩子身上所表现出来的特征差异不大。应该本着去粗取精、洋为中用的原则，根据是否适合本土的教育环境来取舍。这就是"嘿！我是早教书"系列图书出版的初衷。

我国家教作家吕巧玲、宋璐璐应邀担纲了本套丛书的编撰工作，她们以实际育儿经验和长期研读诸多家教典籍的心得，精心创作出"嘿！我是早教书"系列解读精髓本，呈献给广大读者。其特点是本土化、可读性强、突出重点，围绕孩子身上所出现的种种问题，进行详尽的解读、支招，理论和实践紧密结合，情节生动，说理性强。

本套丛书的最大特点是适合现代父母阅读，在孩子身上所出现的很多问题在这里都有解释。有精彩的案例，有详尽的理论解读，有具体的实施措施，通过这一环扣一环的解读，既点出了名家教育的精髓，又结合了本土实际情况进行逐一答疑，使您做父母更为轻松，在家里就能调教出一个聪明无比的小天才。

一书在手，尽享名家教育精髓。若广大读者在研读本套丛书的过程中能得到启发，将是我们最大的欣慰。

开卷一定有益！

序言

和宝宝亲密接触

恭喜你，升级为新妈妈/新爸爸！或许，你现在没有时间接受别人对你的恭喜，因为初为人母/人父的你正忙着满世界寻找教子方法。但是，请你停下手中的一切，翻开本书仔细阅读。

西尔斯先生认为，市场上的育儿书总会让人感到眼花缭乱，养育孩子是一门学问，它需要人们一边做一边学，并且需要人们敞开心扉去聆听新建议，然后再从中选择适合的部分去学习。在这些基础上，我们才能够创造出一套属于自己风格的教子方法，才能够找到最适合宝宝性情的教子方式。

西尔斯先生是一名医生，他的太太是一名护士，他们一生养育了八个孩子。不可否认，他们有足够丰富的育儿经验，再加上他们专业的医学知识，因此，他们的育儿经验值得人们借鉴。

当新生儿呱呱坠地的时候，每一对父母都面临着同样的问题，那就是如何让宝宝按照父母所期望的那样去做一些事情，而且还要让他自觉、自愿地去做这些事情。其实，这个问题的关键并不是单纯地引导宝宝的行为，而是父母应该激发他养成良好品行的主动性。这个问题的答案并不是从一些技巧中就能够得到的，而是在于宝宝哭了，父母需要把他抱起来给予安慰；宝宝在"啊啊呜呜"的时候，需要父母给予回应。只有和宝宝亲密接触了，宝宝才会喜欢和父母沟通。是的，从现在开始，试着去回应宝宝的每一个动作和每一个声音吧，无论是哭声还是笑声。

教育，其实就是父母和孩子之间的沟通，如果你充分了解自己的孩子，你明白他心中的需求，那么宝宝就会赋予你信任，自然就能够配合你的教育模式。

妈妈从怀孕开始，就和宝宝建立起一种亲密关系，不管出生前还是出生后，宝宝都离不开父母的陪伴和教养。由此也可以看出，父母的教育在孩子的一生中都十分重要。

为了给宝宝一个无忧无虑、健健康康的童年，父母需要为此努力和付出。本书致力于增强宝宝和父母之间的亲密互动，讲述了从胎教开始一直到幼儿园的育儿方法，内容广泛，参考性强，让父母对育儿有一个真正的参考。

2018年1月于北京

目录

第一章

从胎教开始，建立与宝宝的亲密关系（0岁）/ 001

妈妈与宝宝的亲密关系是从怀孕开始建立的。在这个时期，主要的方法就是胎教。在很早以前，人们就认识到了胎教的必要性。西尔斯医生更认为：母亲通过特定的手段与方法和胎儿进行沟通，可以促进胎儿大脑和神经系统的早期成熟，让孩子在先天智力水平和后天学习发展中更具优势。

健康是胎教的第一步 / 002

- 孕妈妈吃药要小心 / 002
- 吃的不对，母婴受罪 / 005
- 喝酒不怀孕，怀孕不喝酒 / 009
- 与可爱的宠物分开一段时间 / 012

胎教方法大盘点 / 015

- 和肚子里的宝宝"聊聊天" / 015
- 大自然，我们来啦 / 018
- 爸爸是胎教的主角 / 021

第二章

踏出第一步，与宝宝亲密接触（0～1岁） / 025

西尔斯认为：襁褓中的抚育，是帮助孩子走向成功人生的最初起点。宝宝与父母早期的亲密关系，往往是由他们最初的接触方式来决定的。宝宝在婴幼儿时期与父母的亲密程度，直接影响了以后与父母之间的感情。

要与宝宝多接触 / 026
- 换尿布是最佳的亲子时光 / 026
- 快乐的宝宝爱洗澡 / 029
- 不要依赖安抚奶嘴 / 032
- 婴儿按摩的艺术 / 035
- 邀请爸爸们加入亲密育儿的阵营 / 038

新手妈妈喂养知识 / 041
- 健康又营养的母乳喂养 / 041
- 哺乳期服药也要小心 / 044
- 宝宝吃饱了吗 / 047
- 固体食物慢慢来 / 050

培养宝宝的能力 / 053

- 让宝宝爬出自己的一片天 / 053
- 引导孩子发现立体世界 / 056
- 让孩子拥有聪明的大脑 / 059
- 灵活而充满智慧的双手 / 062
- 宝宝会说话啦 / 065

第三章

走向独立，勇敢迈出第一步（1～3岁）/ 069

学步期的宝宝开始有了自己的认知，对食物也变得更加挑剔。而且，此时的宝宝需要吸收更多的营养才有助于身心的成长。为了孩子的健康，父母就需要在宝宝的饮食上多花一些心思，努力培养出一个不挑食的乖宝宝。

让饮食拉近与宝宝的距离 / 070

- 让宝宝吃饭真的好难 / 070
- 你的宝宝长高了吗 / 073

小手小脚动起来 / 076

- 充满勇气地迈出人生第一步 / 076
- 加入了"左手俱乐部" / 079
- 学步车不一定能帮助宝宝走路 / 082

培养宝宝的能力 / 085

- 爱运动的宝宝"体商"高 / 085

- 勤劳的宝宝爱做事 / 088
- 宝宝的朋友满天下 / 091
- 提高宝宝辨别是非的能力 / 094
- 引导宝宝发展空间智慧 / 097
- 好学的宝宝开始识字啦 / 100

让宝宝与你更亲密 / 103
- 跟宝宝说说悄悄话 / 103
- 陪宝宝一起阅读 / 106
- 宝宝，你爱爸爸妈妈吗 / 109
- 让宝宝学会介绍自己 / 112

第四章

迈进幼儿园，宝宝要独自飞翔（3～6岁） / 115

这个时期的宝宝逐渐开始离开父母的怀抱，走进幼儿园，进入集体生活。与此同时，孩子的性格也进入了发展"迅猛期"，同时还会出现诸多父母们始料未及的问题。解决孩子带来的种种麻烦，成了家长的头等大事。

玩是宝宝的天性 / 116
- 脏东西更有吸引力 / 116
- "勇攀高峰"的宝宝很卖力 / 119
- 别开生面的宝宝"模仿秀" / 122
- 灵巧的小手爱搞破坏 / 125

- 锅碗瓢盆成了最佳"玩具" / 128
- 与马桶成了好朋友 / 131

家有愤怒的"小天使" / 134
- 宝宝爱欺负小朋友 / 134
- 充满怨气和愤怒的"大狠话" / 137
- 与爱发怒的宝宝过过招 / 140
- 纠正宝宝的骂人行为 / 143
- "小霸王"不再霸道 / 146

轻松引导宝宝培养好习惯 / 149
- 宝宝自己穿衣不插手 / 149
- 宝宝与床难舍难分的那点事 / 152
- 丢三落四的宝宝细心点儿 / 155
- 宝宝更愿意有序的生活 / 158
- 爱上刷牙更健康 / 161

巧妙培养宝宝的思维方式 / 164
- 给孩子自由想象的空间 / 164
- 巧解问题,宝宝方法多 / 167
- 让大人伤透脑筋的宝宝难题 / 170
- 打破溺爱的枷锁 / 173
- 专心致志干完一件事 / 176
- 鱼和熊掌不可兼得 / 179

第五章

西尔斯情商提高法 / 183

游戏是所有孩子都必不可少的童年经历。对于婴幼儿来说,学习能够让他得到的知识远不如游戏来得多,游戏是自主的,学习往往都是被动的。西尔斯说过,他从来不愁孩子不学习,因为他将对孩子能力的培养都融入游戏中,绝对称得上是寓教于乐。

小游戏培养宝宝的创造力 / 184

01 神奇之旅 / 184
02 制作鱼风筝 / 185
03 我有一把小弓箭 / 187
04 制作小小降落伞 / 188
05 我是洗衣机 / 190
06 大家一起玩变形金刚 / 191
07 自己制作玩偶 / 193

小游戏培养宝宝的想象力 / 195

08 我是一片小树叶 / 195
09 我来编故事 / 197
10 会变的影子 / 198
11 鞋盒万花筒 / 200
12 吹画真有趣 / 201
13 过家家 / 203

小游戏培养宝宝的专注力 / 205

- 14　后背上的字 / 205
- 15　快乐搜查 / 206
- 16　什么不见了 / 208
- 17　"捞小鱼"的游戏 / 209
- 18　给花生寻找另一半 / 211
- 19　大家一起来找碴儿 / 212

小游戏培养宝宝的竞争意识 / 214

- 20　吹球 / 214
- 21　多功能垃圾桶 / 215
- 22　抢椅子 / 217
- 23　机灵的双脚 / 218
- 24　小鸭跳水 / 220
- 25　运气球 / 221
- 26　击打气球 / 222

小游戏培养宝宝坚强的品格 / 224

- 27　狮子、老虎跳 / 224
- 28　太好啦 / 225
- 29　语言的力量 / 227
- 30　怎么办 / 229
- 31　说说看 / 230
- 32　剥鸡蛋 / 232
- 33　穿起来 / 233

后记 / 235

第一章

从胎教开始，建立与宝宝的亲密关系（0岁）

妈妈与宝宝的亲密关系是从怀孕开始建立的。在这个时期，主要的方法就是胎教。在很早以前，人们就认识到了胎教的必要性。西尔斯医生更认为：母亲通过特定的手段与方法和胎儿进行沟通，可以促进胎儿大脑和神经系统的早期成熟，让孩子在先天智力水平和后天学习发展中更具优势。

健康是胎教的第一步

孕期吃药对孩子的伤害远大于饮酒或抽烟，在可能的情况下，孕妇一定要避免服用药物。

——西尔斯名言

阅读时间：30分钟　　受益指数：★★★★★

孕妈妈吃药要小心

受气温变化、细菌入侵、疾病疼痛等因素的影响，孕妈妈在怀孕期间都会倍感辛苦。在漫长的十个月中，孕妈妈们生病是难以避免的，但生了病究竟吃不吃药，吃药又会不会影响孩子的健康，想必是所有孕妈妈都很关心的问题。

故事的天空

吉克在妈妈肚子里已经待了3个月啦，妈妈每天还要照常上、下班。虽然感觉很累，但只要想到再过几个月就可以与吉克见面了，妈妈心里就美滋滋的。

这个夏天的天气真是变化无常，刚刚还是大大的太阳，一会儿却电闪雷鸣。这忽冷忽热的天气，加上办公楼、公交车上都开了空调，吉克妈妈一不小心就感冒了，她很担心自己的身体状况会影响到小宝宝的成长，于是决定找点感冒药吃。

可是药刚放在嘴边，她就犹豫起来了：究竟孕妇能不能吃药呢？

带着这样的疑问，她来到了医院。医生在得知她是孕妈妈后，为她做了详细的检查。在B超中看着吉克小小的身影，这位准妈妈更担心了。

检查结束后，医生给了她一些建议：在孕期，尽量不要服用药物，因为这有可能会影响到胎儿的健康。现在的情况还不很严重，只要回家好好休息，多喝水，感冒就可以自愈了。

回家后，吉克妈妈再三考虑，决定听从医生的意见，自己多喝水、多休息，暂时不吃药。果然，没过几天，吉克妈妈的感冒就慢慢好了。

回到医院复诊的吉克妈妈再次看到胎儿的影像时，感觉自己幸福极啦！

宋姐爱心课堂

虽然药物是治疗疾病的最佳选择，但在服药的同时也会对人体产生一些副作用。所以对于在孕期生病的妈妈来说，首先应该及时地就医，但用药一定要慎之又慎，因为母体使用药物后会通过胎盘影响到腹中的胎儿。就如同营养会传输一样，药物也会通过胎盘传给腹中的胎儿。所以故事中的吉克妈妈虽然病了，但能不吃药就不吃药。

在胎儿发育到3～12周时，药物对胎儿的影响最大，因为这个阶段胎儿的各器官正处于高度分化、迅速发育和形成的过程中。药物一旦进入母体，就有可能造成胎儿的器官畸形。所以孕妈妈在这个阶段用药要十分慎重，一定要按照医生的嘱咐服药，不能擅自吃药。

胎儿发育到12周以后，对药物的敏感性会有所降低。此时，胎儿的多数系统和器官已经形成，但还有部分器官在发育中，比如，小脑和大脑皮层及泌尿生殖系统的继续分化。所以，在妊娠12周之后，用药也必须要谨慎，因为药物很可能会让原本健康的胎儿发育迟缓或发育不良。总之，孕妈妈们在怀孕期间服药一定要小心，有病要记得先看医生哦！

第一章　从胎教开始，建立与宝宝的亲密关系（0—3岁）

西尔斯支招DIY[1]

孕妈妈们如果必须进行药物治疗，在选择药物时一定要为宝宝的健康发育做考虑。除了听取医生的建议外，还应该了解一些孕妇的用药准则：

（1）选择药物必须要有明确的目的，必须是有益于治疗孕妇的疾病的，切忌滥用药物，对于那些可用可不用的药物最好不用。

（2）要选择已经被权威医学证明了对胚胎没有危害的药物。

（3）必须清楚自己的孕周，严格按照孕周规定的药剂量及持续时间合理用药并及时停药。

（4）虽然有些药物会对胎儿的发育有不良影响，但如果病情危及到孕妈妈的生命健康安全，还是要遵医嘱吃药。

（5）怀孕早期如果能不服药或可以暂时停用药物，就应该不用药或暂时停用。

西尔斯小语 ♡

怀孕期间，药物对宝宝的影响是不容小觑的，所以妈妈们尽量不要吃药。如果非用药物治疗不可，也要在医生的指导下服用。药物说明书中注明孕妇慎用的，一般情况下也最好不要使用，而明确写着孕妇禁用的，则千万不要服用。

---

[1] DIY是英文Do It Yourself 的缩写，直译为"己为之"，扩展开的意思是自己动手做。

食物是母体和胎儿获取能量的最重要来源，只有正确的饮食习惯，才能保证妈妈和孩子的健康。

——西尔斯名言

阅读时间：30分钟　　　受益指数：★★★★

吃的不对，母婴受罪

妈妈们怀孕后，为了给宝宝的生长发育提供充足的营养，通常都会非常注重饮食，尽量不吃油腻食物，多以清淡、高蛋白的食物为主。但是具体到每天应该吃多少肉、吃多少菜、吃多少水果，妈妈们还未必说得清楚。

故事的天空

艾伦怀孕后可高兴啦！她每天都吃很多东西来补充营养，什么炸鸡、洋葱圈、可乐饼、香草鸡翅……可慢慢地，艾伦发现自己虽然越来越胖，但身体好像变得比以前更虚弱了。难道是自己吃的还不够？

百思不得其解的艾伦到医院去检查身体，令她想不到的是，她不仅出现了孕期高血糖、高血脂的症状，甚至连原本健康的胎儿发育得也比同期的其他宝宝还慢，怎么会这样呢？

原来，艾伦在怀孕后的暴饮暴食以及过多垃圾食品的摄入，导致了身体内分泌严重失

调，全身的血液大多数时间都集中在胃部，没有余力为胎儿供给营养，所以才造成了母体胖、孩子小的情况。

听了医生的分析，艾伦恍然大悟。从此以后，她在饮食乃至生活的各个方面都非常注意保持规律和健康。

每天早晨，她都会早起去散步，回家时，丈夫已经为她准备好了爱心早餐：一杯牛奶、一个鸡蛋和几片面包。早餐后，艾伦还会吃一粒叶酸——防止胎儿畸形。

上午十点多，艾伦不再抱着炸鸡吃，而是改为水果之类的食物，一来是补充营养，二来是补充体力。

到了中午，艾伦会好好犒劳自己和腹中的宝宝，她今天吃牛肉，明天吃鱼，后天就吃猪肝……一般情况下，艾伦会在周日安排好下一周的饮食，每天变换着吃，同时还会保证营养搭配。

晚饭的时候，除了必不可少的肉类，艾伦还会多吃蔬菜，据医生说，这可是增强小宝宝抵抗力的关键。至于洋葱圈、可乐饼，在之后的孕期她再也没有碰过。

一个月过去了，艾伦再次孕检的时候医生告诉她，小宝宝已经和同月龄的正常胎儿一样大了！

宋姐爱心课堂

孕妈妈们的营养饮食不仅是母体本身的需要，也是宝宝正常生长发育的需要。而且，饮食对保护孕妈妈们的子宫、胎膜、脐带、胎盘等是十分重要的。健康的饮食能增强妈妈们的身体抵抗力，从而有力地抵抗各种疾病的侵入。

妈妈们从知道怀孕的那一天起，就要尽量避免吃过油、过咸、过辣的食物，应该像后来的艾伦一样有计划地食用孕妇营养餐，将各种食物进行合理的搭配。

尤其是怀孕早期，孕妈妈正处于胚胎细胞分化增殖和宝宝主要器官形成的重要阶段。虽然这时胚胎生长发育还非常缓慢，平均每日仅增重1克，孕妇需要的营养与孕前大致相同，但大部分孕妈妈会有不同程度的早期妊娠反应，比如恶心、呕吐、厌食等症状，这会使孕妇改变原有的饮食习惯，从而影响营养素的摄入。

这个时候，西尔斯鼓励孕妈妈们能吃多少就吃多少，想吃就吃，不想吃就不吃，千万别强迫自己。

许多孕妈妈在早晨起床时就想吐，这是因为胃内没有食物，要减轻这个症状，可以在睡前加餐，或者在清晨醒来后吃点东西。如果担心吃进去会吐，那么症状持续的时间会更长，而且还会导致体内的代谢紊乱，情况严重的还需要治疗。

怀孕4~6个月的时候，正是宝宝生长最快的时期，这时候，必须要摄入充足的营养，否则会影响宝宝的身高、体重以及各器官的发育。所以在这个阶段，孕妈妈要尽量让自己多吃一点，就算没胃口，一日三餐也不能少。

到了怀孕的最后三个月，孕妈妈需要注意膳食平衡，杜绝暴饮暴食，调整好自己和宝宝的状态，随时待产。

西尔斯支招DIY

充足又健康的饮食能促进宝宝的大脑发育，也是妈妈们进行胎教的基础。只有均衡、丰富、恰当的营养，才能满足孕妈妈和宝宝们每个阶段的需要。

1.怀孕第1个月

第1个月的食谱在保证营养的前提下，一定要清淡、可口。比如清蒸鲤鱼、西红柿豆腐汤、花生猪蹄汤，都是孕妈妈不错的选择。

2.怀孕第2个月

本月需要摄入含有适量蛋白质、脂肪、钙、铁、锌、磷、维生素和叶酸的食物。但一定要注意不宜摄入过多的动物脂肪，否则会导致分娩困难。

3.怀孕第3个月

这是一个很关键的时期。这个月宝宝的生长速度非常快，人体的主要系统和器官逐渐分化出来。此时，孕妈妈需要吃一些蛋白质和维生素含量较高的食物，同时注意不要经常吃辛辣、生冷、过咸的食物。

4.怀孕第4个月

到了第4个月的时候，宝宝的骨骼开始发育，孕妈妈需要多吃鸡蛋、胡萝卜、菠菜、海带、牛奶等，以促进宝宝对钙质的吸收。

5. 怀孕第5个月

营养不良的孕妇会在本月开始出现妊娠中期反应，所以一般在怀孕5个月时，孕妇应保证每天摄入的食物中含1.2毫克钙、1.5毫克铁，适量的维生素A、维生素B、维生素C以及充足的胡萝卜素。

6. 怀孕第6个月

这个时候，孕妇应该多吃一些富含蛋白质和铁元素的食物，比如牛奶、瘦肉、猪肝、鱼、大叶青菜等。

7. 怀孕第7个月

到了这个月，孕妇容易出现肢体水肿的症状，所以要注意少饮水、少吃盐，还要多吃一些含有维生素B、维生素C、维生素E的食物。

8. 怀孕第8个月

本月的饮食应尽量采取少吃多餐的方式，要以含蛋白质、无机盐和维生素多的食物为主，尤其要摄入一定量的钙，同时要记得补充维生素D，以促进钙的吸收。

9. 怀孕第9个月

这个月，孕妇需要有意识地补充一些海产品。因为海产品具有低热量、高蛋白的特点，同时脂肪含量又很低，是待产妈妈的最佳选择。

10. 怀孕第10个月

孕妇接近了分娩期，需要保证足够的营养，这既是宝宝生长发育的需要，也是孕妇的子宫和乳房增大以及血容量增多的需要。

西尔斯小语 ♡

有些孕妈妈在营养摄入方面进入了这样一个误区，认为吃得越多越好，越多营养就越丰富。事实上，只有合理的饮食搭配才能为宝宝的健康发育提供充足的营养。

饮酒是个人喜好，但孕期饮酒是绝对不允许有的行为。

——西尔斯名言

⏱ 阅读时间：25分钟　　🎓 受益指数：★★★★★

喝酒不怀孕，怀孕不喝酒

美国疾病控制中心的研究人员曾经在《发病率和死亡率周报》上发表过这样一篇报告，长期有饮酒习惯的女性可能会使她们未出世的孩子遭受"胎儿酒精综合征"的风险。在怀孕前，有的妈妈有饮酒的嗜好，但是在怀孕后，母亲应该多为宝宝的健康考虑，戒掉饮酒的习惯，否则不仅会对宝宝的成长不利，而且连母体也会受损。

故事的天空

琳达是一个大型广告公司的业务主管，平时在工作之余，喜欢和朋友们去酒吧放松。一个月前，她的私人医生告诉她，33岁的她终于怀上了第一个宝宝。这让琳达欣喜若狂，于是赶紧安排了周末的聚会。

夜晚的城市灯火通明，琳达和朋友们来到了酒吧。刚一坐下，

她就叫来了三打啤酒，要与大家不醉不归。这可吓坏了同行的朋友。

"琳达，你现在不是怀孕了吗？怎么能喝酒呢？"

"我只喝一点点，对宝宝不会有影响的。"

"不行哦，孕期一点酒都不能喝，你还是要些果汁吧！"

在朋友们的一再劝诫下，琳达只好点了一杯果汁。第二天，她就赶忙去找医生，因为她很想知道，自己是不是真的不能喝酒。

没想到医生的话竟然和朋友如出一辙。医生告诉她：在孕期，即使再嗜酒的妈妈也要克制自己，因为酒精会影响孩子的生长发育，所以想要孩子的妈妈一定不要冒险喝酒，更不能宿醉。

这下琳达心服口服了，还特意打电话去感谢朋友。看来为了小宝宝，怀孕期间的琳达只好改掉嗜酒的坏毛病啦！

宋姐爱心课堂

怀孕妈妈必须要远离酒精，因为酒精既对孕妇本人有影响，又不利于腹中宝宝的健康发育。

一般而言，母亲在怀孕期间喝酒，生下的宝宝患胎儿酒精综合征的概率非常高。母亲饮酒后，酒精会通过胎盘传入胎儿脑中，而胎儿的脑部没有任何的防御能力，酒精进入胎儿脑部后就会破坏胎儿的脑细胞，造成痴傻胎、畸形胎的出现。像故事中的琳达，如果没有听从朋友的劝诫执意饮酒，说不定就会给胎儿带来无穷的隐患。

既然怀孕了，女性就应该做好做妈妈的准备，时时刻刻为宝宝的健康考虑。不能为了自己一时的快乐，而做出不利于宝宝发育的事情。医学研究已经证，实酒精不仅会影响孩子的健康，还可能导致妈妈们出现过敏、跌倒的现象，严重的会伤及妈妈们的胃，甚至导致流产。

西尔斯支招DIY

那么，怀孕期间除了酒之外，是不是其余的饮品都可以喝呢？当然不是啦！医生建议，怀孕妈妈最好喝一些有利于宝宝们成长的饮品。

1.白开水

怀孕期间的妈妈们因为胎儿的缘故，体内需要的水分比常人更多，所以简单的白开水是孕妇的最佳选择。当然，有的孕妇不喜欢没有味道的白开水，那么鲜榨果汁也是不错的选择。要尽量避免喝饮料，无论是什么品牌的饮料，不管广告说得多么好，它们都离不开色素、糖精、防腐剂，而这些都不利于宝宝的健康发育。

2.蜂蜜水

蜂蜜是含有丰富营养的天然养生食品，也是人们普遍选择的一种滋补品。它含有与人体血清浓度相近的多种无机盐、维生素、铁、钙、铜、锰、钾、磷等，还含有果糖、葡萄糖、淀粉酶、氧化酶、还原酶等，具有很好的滋养、润燥、解毒功效。每天清晨喝一杯淡蜂蜜水既可以增强孕妈妈和胎儿的体质，还可以预防孕期便秘的发生。

3.豆浆

每天清晨，孕妇可以自己在家现磨一杯豆浆。豆浆中含有丰富的蛋白质、铁和铜，还富含维生素。所以，孕妇经常喝豆浆可以防治高血压等疾病。

4.牛奶

孕妇补钙的最好方法就是每天坚持喝200~400毫升的牛奶，因为牛奶中钙含量比较高，每100毫升的牛奶含钙量大约为120毫克，而且牛奶中富含的钙很容易被孕妇吸收。另外，牛奶中的磷、钾、镁等多种矿物质也搭配得十分合理，非常有利于母体及宝宝的健康。

西尔斯小语 ♡

在怀孕期间，饮酒是绝对禁止的。饮酒对宝宝和妈妈的健康都是非常不利的。孕妇的肝脏、肾脏负担原本就很重，如果再饮酒，更会加重肝脏、肾脏的负担。所以，妈妈们一定要有责任心，为了宝宝和自己的健康，要做到滴酒不沾。

宠物很可爱，但小心这种可爱会伤害到柔弱的胎宝宝。

——西尔斯名言

阅读时间：25分钟　　受益指数：★★★★

与可爱的宠物分开一段时间

许多女性都曾有过拿着零食、火腿肠去喂流浪猫、流浪狗的经历。有爱心当然是一件好事，但是怀孕的妈妈们不适合做这些事情，更不应该与宠物待在一起。

故事的天空

吉娜非常喜欢小动物，在结婚前她就养着一只猫。对于吉娜的这个喜好，她老公也很支持，当初吉娜和他谈恋爱的时候，他就是因为看到吉娜对小动物的细心照顾，才不顾家人的反对，坚决与善良的吉娜在一起，并决心一定要娶吉娜为妻。

两人结婚后，吉娜就把她的猫带入了这个新家。吉娜的婆婆和他们住在一起，一开始也没有反对她把猫带入家中。但是在吉娜怀孕后，婆婆却要求把猫咪送走。为此，吉娜很生气，而且认为婆婆一开始就不喜欢猫咪，只是没找到借口而已，现在自己怀孕了，正好让婆婆找到了借口。

原本和和气气的一家

人，现在却整天因为一只猫的去留而争吵。

婆婆觉得吉娜怀孕了再把猫养在家里不合适，应该先送走，生完孩子之后再接回来。至于为什么不能养在家中，婆婆也说不出理由，只是看到邻居们家里有人怀孕的时候，都会把宠物送走。

为了这点小事，婆媳俩人每天见面谁都不正眼看谁，这使得丈夫夹在她们俩中间非常为难。

后来，丈夫实在没有办法，只好带吉娜去咨询宠物医生。医生的答案却是这样的：一般来说，孕妇要远离宠物。一方面是防止淘气的宠物伤害到孕妇；另一方面是因为宠物身上会携带弓形虫等寄生虫，这些寄生虫会严重影响到胎宝宝的健康。

听了医生的话，吉娜只能暂时把猫咪送到朋友家寄养了。

宋姐爱心课堂

也许是因为女性天生就具有母爱，大多数女性都喜欢养小动物，而且经常把它们抱在怀中，有些人还与这些小动物亲热，甚至与自己吃住不分。其实，这样做是不对的，因为宠物身上存在着很多的潜在性疾病，这会对抵抗力差的孕妇和胎儿的健康造成很大的影响。

比如说，猫身上潜藏着的病毒、弓形虫、细菌等一旦感染到孕妇身上，就会通过血液循环传到宝宝赖以生存的胎盘上，从而影响孩子的健康发育。尤其是猫身体上的弓形虫病是一种人畜共患病，孕妇感染了这种病后，会出现流产、早产、死产或导致妊娠中毒症，还会损害胎儿的神经系统，使胎儿发生脑积水、脑钙化、脑性麻痹、小头症、视力和智力障碍等先天性疾病。

因此，准备生育的妈妈以及已经怀孕的妈妈一定不能养猫及其他小动物，也要尽量避免与这些小动物接触。如果在怀孕之前就与动物有过亲密接触，在怀孕后应当立即到医院做相关检查。

西尔斯支招DIY

虽然现实生活中很少见到宠物传染疾病，但是孕妇们还是应该时刻注意，避免与小动物接触。不要认为自己之前与小动物接触没事，现在也不会有事。

1.保持距离
如果怀孕期间家中有养小动物，怀孕的妈妈们一定要与小动物们保持距离，不要与之密切接触，比如亲吻小动物或与它们同床而居。

2.注意清洁
要经常给宠物洗澡，同时孕妇们也要注意个人卫生，勤洗手。

3.做好防范措施
注意宠物的免疫预防和疾病治疗，为宠物做定期的体检，还要定期注射疫苗、打虫。

4.为宠物创造良好的环境
要清理家中宠物的住所，定期为它们打扫，尤其是犬类。家人带宠物从室外回家后，一定要为它们洗澡，注意杀灭螨、蚊、虱、跳蚤、绦虫等，而且要及时处理宠物的排泄物。这样既可使宠物健康活泼，也可有效避免主人自身染病。

5.为宠物选择食物
要为家中的宠物购买熟食或成品宠物粮，杜绝它们在外捕食。如果宠物在外面捕食了感染了病毒的老鼠或鸟类，或者吃了污染的宠物粪便，就会把这些病毒带到家中，这对家中免疫力强的成员可能不会有所影响，但对孕妇、婴幼儿、老人这些体弱者却是十分危险的。

西尔斯小语 ♡

孕妈妈们千万不要抱着侥幸的心理与宠物待在一起，最好把宠物送去朋友家或宠物医院寄养。如果宠物不能送走，那么最好也不要接近，而且一定要注意对它进行清洁。

胎教方法大盘点

> 不要以为胎宝宝没有意识，语言胎教能够很好地刺激胎宝宝的智力发展，能够让他在出世前就感知这个世界。
>
> ——西尔斯名言

阅读时间：30分钟　　受益指数：★★★★★

和肚子里的宝宝"聊聊天"

怀孕是每个妈妈一生中最特殊的时期，也是每个妈妈最开心的一件事。当一个小生命在身体中不知不觉成长的时候，你是否会想要低头和他说点什么？

故事的天空

艾米睁开眼，看到太阳已经透过窗帘照射到了窗台上的小鱼缸里，在阳光的照耀下，鱼儿悠然地游动着。此时，艾米又开始了与宝宝的对话，这也是艾米每天早晨必做的功课。

"宝宝早上好，我们该起床了。今天的天气可真好，你看，太阳公公都升起来了，爸爸怎么还没起床呢？我们一起去叫爸爸起床好吗？"说着，艾米用宝宝的口吻细声细语地说："爸爸起床啦，再不起来，太阳都要照到你屁屁上了。"

等老公起床出去上班后，艾米就会挺着肚子带宝宝去散步。

春天的早晨真美啊！树木、花草都开始恢复生机了。艾米告诉宝宝，这是春天到了，万物都要苏醒了，再过一段时间就可以看到盛开着的美丽的花儿，树木和小草也都会变得郁郁葱葱。

从公园回来的路上，艾米会顺便买点自己喜欢的小面包，这时她又会告诉宝宝，"宝贝，妈妈喜欢吃香草味道的小泡芙，等你长到能吃东西的时候，妈妈也会让你尝尝这种甜甜的美味哟！"

……

总之，艾米会告诉宝宝所有自己看到的、听到的。有时候，艾米觉得宝宝好像对自己的讲述做出了反应，因为可爱的宝宝在腹中不停地动弹呢。

宋姐爱心课堂

每天对胎儿说说身边的事，其实就是对胎儿的一种语言胎教。妈妈们最好使用亲切、生动、形象的语言，这样胎教不仅可以维系父母和宝宝之间的亲情，还能刺激宝宝的语言功能区。像艾米一样，对宝宝说说周围的事情，说说天气和环境，会让胎宝宝在出生之前就感受到世界的美好。

西尔斯认为，妈妈们在给宝宝讲述生活中发生的事情时，是需要经过大脑思考之后再把自己所看到的具体形象转化为语言讲述给宝宝的。随着宝宝的长大，他会渐渐地接受、明白、理解妈妈的这种思维方式，进而刺激了宝宝的智力发育。

另外，妈妈们在进行胎教时，除了给宝宝讲述生活中的事外，还可以借助一些文学作品，给宝宝读一些优美的文章，以培养宝宝的想象力、创造力与积极进取的精神。同时这个过程对妈妈们也有很大的好处，文学是充满了感性色彩的艺术，妈妈们在阅读的过程中也能激发爱子之情。

在阅读的时候，要尽量把书中所展示的美好世界在妈妈富有想象力的大脑中加深印象后再传递给宝宝，从而让宝宝的心灵得到健康成长。

西尔斯支招DIY

怀孕的妈妈们在为宝宝阅读时，一定要有选择性，不要选择那些带有悲观情绪、消极思想、暴力性、恐怖性的书籍，而要择取有利于宝宝健康发育以及卡通类型的书籍。当然，妈妈们还需要掌握一些与宝宝对话的技巧。

1.选择一个良好的环境

孕妈妈们每次给宝宝阅读文学作品之前，自己要先放松，然后选择一个光线好、坐着舒服的地方，用心为宝宝阅读优美的文章，一起与宝宝领略诗歌的韵律、散文的闲适。

2.正确看待与宝宝的对话

怀孕的妈妈要把与宝宝的对话当成一件开心的事情，千万不能认为这只是每天必做的功课，不要有勉强的心态，也不要设定太多目标，最好在自然轻松的氛围中进行。

3.语调适宜

首先要为宝宝取好乳名，每次与宝宝对话的时候，都要先唤他的乳名，这样他才知道妈妈在和自己说话。对话时语速一定要慢，声音也不要太高、太尖，否则很容易吓到宝宝。

4.掌握恰当的时间

与宝宝对话最好是选在感觉到宝宝在动的时候进行。每次的对话最好不要超过10分钟，之后至少休息40分钟以上才可以进行下次的对话。

5.要有耐心

与宝宝对话除了要选择好内容之外，还必须有耐心，无论是与宝宝说的话，还是给宝宝讲的故事、教的字和词汇，都要"重复"两三遍，妈妈们也不用担心宝宝会厌倦，只有"重复"才能让宝宝全面、准确地学习。

西尔斯小语 ♡

女人一生中最开心、最美的时刻，除了结婚外，就是怀孕了。因为怀孕就意味着即将迎来一个新的生命，为自己诞下生命的延续，为家族增添一个新的成员。为了让小宝宝健康、快乐地来到这个世界上，妈妈们从怀孕的第一天起就应该尝试与他们进行沟通。

大自然的舒适，不仅仅只有大人感受得到，胎宝宝一样会很喜欢。

——西尔斯名言

阅读时间：30分钟　　受益指数：★★★★

大自然，我们来啦

当人感觉身心疲惫的时候，总是喜欢将自己投入大自然的怀抱，呼吸一下新鲜的空气。对一个新生命来说，走进自然，感受清新美妙的世界，也是必要的。西尔斯认为，带宝宝投身自然是促进胎宝宝脑部成长、开发胎宝宝智力非常重要的胎教基础课。

故事的天空

黛丝莉是远近闻名的长跑选手，怀孕前还拿过大奖呢。然而现在，肚子里渐渐长大的小宝宝可真让她愁坏了。

怀孕后，家人对黛丝莉的照顾无微不至，作为一个专业的体育运动员，怀孕的这十个月她却不能参加训练，也没有工作可做，天天就是在家里看电视，真是要闷坏人了。

看到妻子天天

郁郁寡欢，黛丝莉的丈夫也跟着犯难：怎么才能让她开心起来呢？

为此，他专门去向已经生过孩子的同事询问，没想到同事的回答很简单：不能跑，就多出去走走啊！孕妇如果多到外面去散步，到大自然中享受享受，对自己和孩子都是有好处的。

于是丈夫二话不说，周末就带着黛丝莉去河边郊游了。一个简单的咖啡炉，一个舒服的小帐篷，两根鱼竿，外加一顿丰盛的露营餐，两个人在河边度过了一个温馨又舒服的下午。

黛丝莉十分喜欢这样的环境，于是接下来的每个周末，只要丈夫有时间，一家人都会开开心心地到郊外散步。更神奇的是，小宝宝出生后没多久，黛丝莉和丈夫就发现小家伙特别喜欢绿叶子。每次他们用小叶子逗宝宝的时候，他都笑得非常开心。

宋姐爱心课堂

对于西尔斯来说，自然胎教的重要性绝非一般，他的每一次讲座都会提到这一重要概念。他认为，回归自然、体会自然、热爱自然，才能让小宝宝长得更健康。赏心悦目的环境除了会让大人心旷神怡外，孩子一样也会喜欢。

在怀孕阶段，胎儿虽然还只是妈妈肚子里的"附属品"，但已经有了轻微的思想意识。当母体开心的时候，妈妈这种快乐的心情会通过胎盘传递给小宝宝，让小家伙更加活跃、舒适。同样，如果母体不开心，这种抑郁的心情也会传递过来，让宝宝感到不适。就如同故事中的黛丝莉一样，她不开心，肚子里的小宝宝也一样没什么精神，反之，她到大自然中去享受生活，孩子也跟着她一起受益。

走进大自然，眼前的一切虽然都是妈妈看见的，但是腹中的胎宝宝却可以和母亲一起分享感受。在大自然中，妈妈可以欣赏到飞流直下的瀑布，欣赏到幽静的峡谷、潺潺的泉水。大自然就像一首诗，文字虽少，联想起来却很深远。赏心悦目的感受中，这些盛景不断地在大脑中汇集、组合，然后经妈妈的情感通路，将这一信息传递给胎宝宝，使他也受到大自然的陶冶。

所以，爸爸应该多带妈妈出去走走，不一定很远，哪怕只是在街心公园或路边散步，都能够让妈妈和宝宝感受到生活的美好，体会到自然的力量。

西尔斯支招DIY

1. 感受清新的空气

清新的空气对人类的健康有极大的益处，对孕妇更是如此。因为树林多的地方以及有较大面积草坪的地方，尘土和噪声都比较少，孕妇在早上起床之后，可以到树林或者草地去做操或散步，呼吸那里的清新空气。除早晨外，在工作休息时也应到有树木、草坪或喷水池的地方走。晚上最好能开小窗睡眠，若天气太冷可关窗，但应在起床后，打开所有的窗户使空气流通。

2. 尽情享受阳光

我们都知道，如果把孩子关在暗无天日的屋子里，孩子就会因为缺乏维生素D而得软骨病，身体的其他组织也会虚弱。这说明，阳光对我们每个人来说都十分重要，没有它就不会有人类，更不会有世间万物。所以在怀孕期间，准妈妈们应该尽可能生活在阳光充足的屋子里，也要多到阳光充足的大自然中活动，这样孩子将来才会活泼健壮。

3. 让自然与精神相结合

大自然是孕育人的最佳场所，从中我们能够体会到波澜壮阔之美、雄伟壮丽之美、悠然自得之美、精巧优雅之美。无论是江河湖泊还是平原草地，无论是大山之巅还是森林深处，都能够让人心旷神怡。所有的这一切，都是准妈妈们精神的源泉，也是胎儿成长最好的"外在营养"。

西尔斯小语 ♡

在空闲的时候，准妈妈和准爸爸或者亲朋一起到郊外散散心，畅快游玩一番，不失为一种呼吸新鲜空气的好办法。这样不仅可以让孕妇和胎宝宝可以欣赏秀丽的景色，而且可以让母子的身心得到放松，对胎宝宝的身心健康也十分有益。

> 怀孕绝不是妈妈一个人的事,爸爸也要发挥自己的作用,和宝宝多沟通。
>
> ——西尔斯名言

阅读时间:25分钟　　受益指数:★★★★★

爸爸是胎教的主角

胎教并非与爸爸无关,在闲暇之余,爸爸也应该和宝宝沟通,说说话、唱唱歌。但这让许多粗线条的爸爸很发愁,究竟应该如何与宝宝沟通呢?

故事的天空

小曼迪又在妈妈的肚子里动起来了,曼迪妈妈一看表,哦,是曼迪爸爸到家的时间了,小家伙儿真是家中的一只小闹钟啊,每天这个时间他都会动几下。

"叮咚,叮咚,叮咚……"门铃响了,果不其然,爸爸回来了。

爸爸进门的第一句话就是:"曼迪,今天有没有听妈妈的话啊?爸爸回来了,给爸爸5分钟的时间,洗洗手、换件衣服。"

曼迪这个小家伙又动了几下,算是对爸爸的回应。很快,爸爸准备就绪了,一家三口坐在沙发上开始了每天的"开心一刻"——聊天。

爸爸抚摸着妈妈大大的肚子,说道:"今天我们要全家人合唱一首《快乐家族》。"

第一章 从胎教开始,建立与宝宝的亲密关系(0岁)

爸爸唱道："我是快乐爸爸。"

妈妈唱道："我是快乐妈妈。"

接着爸妈合唱道："我是快乐宝宝，我们是快乐的一家人，相亲相爱的一家人。"

然后爸爸唱道："家中快乐由我创造，我是快乐家族的策划者。"

妈妈唱道："家中快乐由我执行，我是快乐家族的执行者。"

最后爸妈合唱道："我们是世界上最快乐的家族，快乐由我们掌握。"

随着歌声的结束，宝宝似乎也安然入睡了，这可真是快乐的一家！

宋姐爱心课堂

宝宝不仅需要母爱，也需要父爱，而且不只限于语言上的安慰、乐曲的辅助，还要有肢体的接触。爸爸妈妈经常抚摸宝宝，有助于激发宝宝运动的积极性。

爸爸在对宝宝讲话、唱歌、抚摸时，在妈妈腹中的宝宝似乎很"陶醉"，有时会在妈妈肚子里动一动来告诉爸爸妈妈他很满意。

如果爸爸经常与宝宝在同一时间进行对话或者是为宝宝讲故事、唱歌，每天到了那个时间宝宝就会很期待，会在妈妈腹中动起来，似乎是要妈妈转告爸爸到了与宝宝讲话的时间了。就像故事中的小曼迪，每当爸爸快回来的时候都会在妈妈肚子里扭动小身体。

爸爸在每次与宝宝的对话、抚摸开始时，都要告诉宝宝这是爸爸，这样有利于宝宝区分爸爸妈妈对他的抚摸，增强宝宝的感知能力，也有利于增进宝宝与爸爸之间的感情，这也是宝宝出生后与爸爸建立亲密关系的先决条件。

爸爸抚摸宝宝的同时也与宝宝说话，也是对妈妈心理上的一种极大的安慰。这种天伦之乐，是孕育、养育、教育孩子的最好氛围。

西尔斯支招DIY

胎教不只是妈妈的工作，爸爸也应该对宝宝进行胎教。如果不太擅长唱歌，那么抚摸、念故事、聊天等也是不错的选择。

1.爸爸要做好后勤工作

准妈妈在怀孕期间，爸爸一定要做好后勤工作。怀孕期间，准妈妈一个人要负担两个人的营养及生活，是非常劳累的。如果营养不足或食欲不佳，会使准妈妈们体力不支，也会影响宝宝的智力发育。要知道，宝宝智力的形成，有2/3是在胚胎期形成的，所以爸爸们一定要多关心准妈妈们孕期的营养问题，做好后勤工作。

2.每天与宝宝打招呼

爸爸在做好后勤工作的同时，也不能忽略与宝宝对话。每天早晨起来，要和宝宝说说天气，主要是要说说爸爸的感受。有时间时还可以为宝宝和妈妈唱歌，即使是唱得不太好听，也会让宝宝和妈妈很开心的。每天睡觉前，爸爸要记得和宝宝分享你的好心情，之后和宝宝说"晚安"。

3.抚摸宝宝

一般来说，傍晚是胎动比较频繁的时候，此时爸爸们可以抚摸宝宝，宝宝也会做出相应的反应。准妈妈平卧在床上或者坐在较宽大的椅子上，全身放松。爸爸将双手手指放在腹部，从上到下、从左到右抚摸宝宝，同时还可以播放音乐，让气氛更融洽，每次的时间为5～10分钟。爸爸在进行抚摸的同时，还可以进行语言胎教。

西尔斯小语 ♡

爸爸在与宝宝进行对话时，切记不要边吸烟边对宝宝讲话，这样对准妈妈和宝宝的健康是非常不利的，并且也会影响胎教的环境，让妈妈的心情低沉，烟雾中的有害物质也会通过呼吸进入准妈妈的体内，会通过血液传给宝宝，从而对宝宝产生不良影响。

爸 妈 私 房 话

第二章

踏出第一步，与宝宝亲密接触（0~1岁）

西尔斯认为：襁褓中的抚育，是帮助孩子走向成功人生的最初起点。宝宝与父母早期的亲密关系，往往是由他们最初的接触方式来决定的。宝宝在婴幼儿时期与父母的亲密程度，直接影响了以后与父母之间的感情。

要与宝宝多接触

与其把换尿布当成一个不得不做的讨厌任务，不如把这段时间作为与宝宝交流的时间。

——西尔斯名言

阅读时间：30分钟　　受益指数：★★★★★

换尿布是最佳的亲子时光

在生命的头几年，宝宝都需要尿布的陪伴。于是，换尿布成了许多父母最头痛的一件事。有的父母不知道何时该换尿布，有的父母则在换尿布的时候烦躁不安，这其实都对小宝宝有很大的影响。

故事的天空

"呜呜……"来到这个世界没多久的茜茜又开始哭闹起来了。刚想坐下喘口气的凯若无奈地站起来，扒开宝宝的衣服一看，呵，小宝贝又赏赐"黄金"了！

凯若一边叹着气去拿干净的尿布，一边对着宝宝的方向说道："亲爱的，你是要累死我么？"等凯若把干净的尿布放到一旁后，她极不情愿地脱下宝宝

的裤子，皱着眉头把脏尿布换了下来，并嫌恶地扔到一旁。看着哭闹得更加厉害的宝宝，心情本就糟糕的凯若一边换一边嘟囔说："不要哭了，臭死了，臭死了！"

经过与臭味的一番较量，凯若终于"大功告成"，给宝宝换上了新的尿布。不过，换上新尿布的宝宝似乎并不领情，一直哭闹个不停，这让凯若这个新手妈妈更加苦恼，难道自己在换尿布的过程中，哪里做错了吗？

这种情况一直持续了一个多月，直到凯若的妈妈来看女儿和小外孙女，才发现其中的问题。

"为什么你每次换尿布的时候都那么火大呢？"

"这实在令我无法忍受，又臭又麻烦。"

"可你这种情绪会影响到宝宝啊！"

这时凯若才明白自己的问题出在哪里了。

宋姐爱心课堂

西尔斯曾经在自己的讲座中说过，从宝宝出生到进行如厕练习的这段时间，大约要换5000块的尿布，宝宝吃得越多，换得越频繁。换尿布不仅可以让宝宝的小屁屁变干燥，还能让孩子感受到父母的触摸，听到爸爸妈妈的声音，注视爸爸妈妈的脸，看到爸爸妈妈的笑容……

然而，在现实生活中许多父母却像凯若一样，因为是照顾孩子的新手，所以忙得昏天黑地，导致给宝宝换尿布的时候心情欠佳，而这种又急又燥的情绪很容易就会传递给宝宝。

如果换一种角度，把换尿布这段时间看成是跟宝宝交流的时间，孩子自己也会感觉到父母的关心的。爸爸妈妈们不要在宝宝面前做出厌恶的表情，因为爸爸妈妈的脸就是宝宝的镜子，爸爸妈妈不高兴，孩子也会不高兴，结果形成恶性循环，越闹越乱，越乱越闹。

所以，在换尿布时，爸爸妈妈们要用柔和的表情、悦耳的声音来面对宝宝，这样宝宝的心情就会变好，甚至会期待获得更多。

西尔斯支招DIY

除了注意要与孩子交流情感，新手父母们还要学会换尿布的步骤以及注意事项，这样才能帮助宝宝健康快乐地成长。

1. 准备充分

在换尿布之前，首先要准备好干净的尿布、尿布桶、护肤柔湿巾、护臀膏等，以备更换尿布时使用。

2. 固定的更换平面

爸爸妈妈们可以把宝宝放在一个平面上，如地板、床或小桌上，这样宝宝会感到更加舒服。如果选择放在桌面上，最好保证桌面的高度与自己腰的高度一致。

3. 保护宝宝的安全

在换尿布的过程中，一定要确定自己的手始终托抚着宝宝，以防止宝宝在换尿布的过程中从床或桌面上滚下来，从而造成不必要的伤害。

4. 与宝宝亲密接触

把换尿布的时间变成最佳的亲子时间，通过抚触、亲吻、交谈会让宝宝倍感亲切和愉悦。

5. 动作要熟练

爸爸妈妈一只手握住宝宝的双腿，将宝宝抬高，让宝宝的臀部稍稍离开尿布，另一只手快速换下脏尿布。

6. 彻底清洁

将准备好的干净尿布打开，用柔软的棉签或护肤柔湿巾轻轻擦拭宝宝的阴部和臀部。由于女孩特殊的生理特点，在为其擦洗阴部的时候，正确的方法应该是由前向后，以免污物进入阴道。而对于男孩则要确保所有皱褶处都被清洁到，在清洁包皮时要格外小心。

7. 防止尿布疹

如果宝宝得了尿布疹，可以使用护臀膏在宝宝的臀部建立一层保护膜以防止进一步的感染和过敏。

西尔斯小语 ♡

给宝宝换尿布和给他喂奶一样重要，你的目的就是让宝宝保持干爽和舒适。虽然有时候家长会觉得这是一项永无止境的枯燥工作，但是如果你掌握了诀窍，就会觉得这是让你与宝宝拉近距离的一个好时机。

洗澡不在于次数，而在于作用。

——西尔斯名言

阅读时间：30分钟　　受益指数：★★★★

快乐的宝宝爱洗澡

宝宝出生后，虽不用像吃奶、换尿布那么频繁地洗澡，但起码也要每隔两三天洗一次。洗澡的目的并不只是简单的清洁，同时也是为了增强宝宝皮肤的敏感度，而且在洗澡的过程中还可以增进家长与宝宝的感情。

故事的天空

夜幕降临，天气也凉快了，弗兰妈妈带着肚中的弗兰下楼散步。但是没走几步，她就停住了，因为她明显感受到了肚子剧烈的疼痛——等待了近一年的时刻终于要来临了。幸好有弗兰爸爸陪同，他们很快到了医院。晚上九点四十分的时候，弗兰呱呱坠地了。

这个小生命的到来，使得家里每天都是那么热闹。

这不，在给弗兰洗澡的问题上，全家人又开起了家庭会议。弗兰爸爸妈妈认为每天必须洗澡，这样不仅能够帮助孩子消除身上的细菌，而且弗兰每次洗澡的时候都那么开心，这也说明弗兰喜欢洗澡。但弗兰的爷爷奶奶则认为弗兰这么小，身体没有那么脏，不需要天天洗，洗澡次数过多反而会让孩子容

易感冒着凉。

弗兰妈妈说:"既然是弗兰喜欢的事情,即便是不脏,也应该让弗兰每天都洗洗,让他高兴,这对弗兰的性格有很大的帮助。"

弗兰奶奶接着说:"每天为弗兰洗澡,他当然高兴了,这么热的天,洗澡是多么舒服的一件事啊。但是弗兰肚脐上的刀口还没有完全好,万一洗澡感染了怎么办啊?"

宋姐爱心课堂

弗兰家的问题,相信也是多数家庭的问题。事实上,现在的宝宝洗澡次数都很频繁。西尔斯认为,新生儿没必要一天一洗,只要一周洗一两次就足够了,但在宝宝每次大便后一定要把尿布区洗净。另外,每日为宝宝进行局部的清洁还是很有必要的,尤其那些容易出汗、出油的地方。比如,耳朵后面、颈部的褶皱、腹股沟和尿布区。

宝宝在脐带脱落之前,妈妈们应该用海绵为宝宝擦洗身体,避免感染。但有些家长认为,感染的概率非常小,因此可以完全浸泡在水中。西尔斯则建议父母们最好还是在宝宝脐带脱落后再为宝宝洗澡。

洗澡除了起到清洁的作用外,还能很好地锻炼宝宝的体温调节能力。当宝宝的皮肤与水、毛巾、洗浴品等各种不同材质的物品接触时,会产生良性刺激,加快宝宝全身血液的循环,同时也促进了宝宝的生长发育,提高其皮肤对温度、环境的适应能力。除此之外,洗澡还能增进宝宝与妈妈之间的感情。

西尔斯支招DIY

新手妈妈们为宝宝洗澡的时候,一定要提前练习,做好充分的准备,然后再进行实际操作,而且在操作时必须注意以下几点:

1.洗澡的地方很重要

为宝宝洗澡的时候,一定要选择靠近厨房或浴室的地方,因为这些地方一般保暖效果好而且通风。

2.做好洗澡前的准备

洗澡之前，首先要将洗澡过程中会用到的东西以及洗澡完毕后需要的东西都准备好，比如宝宝的浴巾、尿布、干净的衣服、棉球、宝宝的香皂等。然后调试水温，确保水温合适后，就可以开始洗澡了。

3.洗澡过程中的注意事项

开始给宝宝洗澡时，要做到从上到下。家长先用左手拇指和中指分别将宝宝的耳道堵住，然后用干净的小毛巾沾水轻轻擦拭宝宝的脸颊，把脸颊擦拭干净之后再洗头。洗头时要先把水搓在手上，然后在宝宝头上轻轻地揉洗。之后，再分别洗颈下、腋下、前胸、后背、双臂和手。由于宝宝的皮肤十分娇嫩，容易糜烂，所以，清洗时动作一定要轻。

4. 洗完后的注意事项

第一，使用干净的毛巾为宝宝擦拭身上的水。

第二，使用毛巾擦拭水分的时候，一定要记住是用毛巾吸收干皮肤上的水分，而不是用力地擦干，以免擦伤宝宝娇嫩敏感的肌肤。

第三，需要清洗眼睛的时候，一定要等洗完澡后，切不可在洗澡的时候一起洗。宝宝与大人一样，眼睛周围接触到水会感到很不舒服，他很可能会因此而拒绝洗澡。所以，如果要清洗眼睛，要在洗完澡后用棉球挤点温水，从里往外进行擦拭就可以了。

第四，洗澡之后，用棉棒清洗宝宝耳朵褶皱处的脏物，但不要洗耳道内部，以免损伤耳道或鼓膜。

西尔斯小语

西尔斯家有一个吸引不愿洗澡的宝宝的秘方，那就是在每次洗澡后都为宝宝做一件让宝宝感觉很开心的事。慢慢地，宝宝就会知道洗澡后有一件很开心的事情在等待着他。比如，洗澡后妈妈可以好好地抱抱宝宝，或者跟宝宝玩个游戏，逐渐地，宝宝就会喜欢上洗澡了。

不要在孩子哭泣的时候只塞给他一个安抚奶嘴,这个时候妈妈要用温暖的怀抱、温柔的昵语轻轻安抚孩子。

——西尔斯名言

阅读时间:30分钟　　受益指数:★★★★★

不要依赖安抚奶嘴

宝宝出生后,最让大人害怕听到的就是宝宝的哭声。很多妈妈在宝宝哭时,总会给宝宝一个安抚奶嘴,但是这个安抚奶嘴能长期使用吗?宝宝会不会对它产生依赖呢?这也是很多妈妈担心的问题。

故事的天空

"哇哇哇……"两个月的艾迪又开始哭了,艾迪妈妈马上拿起了奶嘴,放到了艾迪嘴里,小艾迪果然马上就停止了哭声。

难道是艾迪没有吃饱吗?但是艾迪妈妈刚刚喂过他啊。

这个小孩子的心思没人能猜透,妈妈只知道每次艾迪哭的时候,把奶嘴放到他嘴里他就不哭了。时间长了,妈妈发现艾迪爱上了这个奶嘴,似乎隔一段时间不给他,他就会哭,但妈妈又担心艾迪对这个奶嘴形成依赖,以后离不开它。

"哇哇哇……"艾迪又哭了,妈妈决定这次坚决不给他奶嘴了。

妈妈抱起艾迪轻轻

拍着、哄着，起初还不大见效，但没过多久艾迪就露出了笑脸。这下妈妈才明白，原来艾迪每次哭的时候，并不是真的想含那个奶嘴，他只是在无奈的情况下，利用那个奶嘴寻找安慰。

其实，艾迪哭的时候，更希望得到的是妈妈温暖的怀抱。就像这次，妈妈抱起他的时候，他会觉得这比吮吸奶嘴时快乐得多。这也让妈妈知道为什么她每次抱着艾迪喂完奶后，再把他放到自己的小床时他就会哭了。

虽然艾迪只有两个月大，但他似乎非常渴望妈妈的怀抱。

宋姐爱心课堂

其实，当宝宝还在妈妈子宫里的时候，他们就已经会吮拇指了。吮吸、拥抱和吃奶这三个动作是让宝宝觉得最舒服的事，所以孩子才喜欢嘴里含着东西的感觉。有医学研究证明，让早产儿吮吸安抚奶嘴，对他们的健康成长是有利的。

但是不是所有的孩子都适合用安抚奶嘴呢？西尔斯曾这样说过，宝宝哭泣并不一定是饿了，很有可能是需要妈妈的怀抱或者是要吮吸。在宝宝学会吃母乳并且母乳能够供应宝宝的情况下，妈妈们可以考虑使用奶嘴。如果妈妈们实在是累了，也可以用自己或是爸爸的手指来安抚宝宝。这样既可以让宝宝在肌肤接触的过程中增强肌肤的敏感度，还可以让宝宝在安抚中产生吮吸的感觉。但是，妈妈们一定要注意剪短指甲，而且指甲要朝下，并与宝宝的舌头相对。如果指甲朝上会戳到宝宝柔软的上颚，从而伤害宝宝娇嫩的肌肤。

一般来说，使用奶嘴的目的是安抚宝宝，并不是为了方便父母。所以，妈妈们不要为了自己方便，每次宝宝哭时就塞给他一个奶嘴。慢慢地，宝宝会对奶嘴形成依赖，同时，他们还会降低对父母的信任，严重的甚至会表现出对父母关爱的抗拒。奶嘴只能是偶尔地、在短时间内地满足宝宝的吮吸需要。

如果宝宝哭了，妈妈的第一反应是去塞给宝宝安抚奶嘴，而不是靠近或抱起宝宝，那就必须马上扔掉奶嘴，从根本上改掉这个坏习惯。

西尔斯支招DIY

面对是否要使用安抚奶嘴这个问题，妈妈一定要好好注意，选择安抚奶嘴时必须要注意的事项包括以下几方面。

1.选择恰当的使用时间

在给宝宝进行母乳喂养的开始，一定不要给宝宝使用安抚奶嘴。因为新生儿需要"学会"的第一件事就是吮吸妈妈的乳头，而奶嘴与妈妈的乳头是不相同的。有些宝宝因为在刚吃母乳阶段使用了奶嘴，之后就会拒绝妈妈的乳头。即使以后接受了妈妈的乳头，宝宝吮吸的技巧也会比较差，这会让妈妈的乳头产生疼痛感。所以，最好等宝宝适应了妈妈的母乳喂养后，再使用奶嘴。

2.在一些特定的场合使用

妈妈带宝宝去一些特殊的场合，怕宝宝的哭声影响到别人时，可以使用奶嘴。比如，在教堂或者安静的剧院，如果宝宝哇哇大哭是非常不合适的。因此，若宝宝在吃奶之后，又不愿意吮吸手指，可以给宝宝用奶嘴。吮吸奶嘴具有刺激唾液分泌的作用，是很好的天然消化剂和肠道润滑剂。而且，吮吸奶嘴也能减缓肠胃不适。

3.选择奶嘴时的注意事项

（1）选择结实的、一体成型而且比较容易清洁的奶嘴。

（2）选择底部有通气孔的奶嘴，防止宝宝在吮吸过程中堵塞了呼吸道。

（3）要根据宝宝年龄的大小买奶嘴，新生儿与几个月大的宝宝使用的奶嘴大小是不一样的。

（4）千万不能把奶瓶上的奶嘴塞满东西来充当安抚奶嘴。

西尔斯小语 ♡

妈妈一定要注意，尽量在头几周不要给宝宝使用安抚奶嘴，要让宝宝学会吮吸妈妈的乳头，习惯妈妈的乳头。如果宝宝实在需要，妈妈给宝宝使用安抚奶嘴时也要有节制。

给宝宝按摩不仅可以让宝宝健康成长，还可以增进宝宝和父母之间的感情。

——西尔斯名言

🕐 阅读时间：30分钟　　🎓 受益指数：★★★★

第二章　踏出第一步，与宝宝亲密接触（0～1岁）

婴儿按摩的艺术

按摩对宝宝来说是一件既舒服又有利于成长的事情，同时还可以增进宝宝与爸爸妈妈之间的感情，提高宝宝的皮肤敏感度，而且对宝宝的骨骼发育也有很大的好处。但是怎样为宝宝按摩呢？这可是妈妈们发愁的一件事。其实为宝宝按摩比较简单，只要看一些相关书籍就可以学会。有心的妈妈们会在怀孕期间就开始学习。

故事的天空

比蒂3个月大了，妈妈的产假结束了。虽然妈妈很舍不得离开比蒂，但是工作也很重要，于是只好带着对女儿的牵挂去上班。工作之余，妈妈总是会拿出手机看看照片上可爱的比蒂。

下班回家后，妈妈要做的第一件事情，就是抱抱一天没见的比蒂，和比蒂说说话。但是当比蒂的爸爸要抱女儿的时候，比蒂却不让爸爸抱。可是，爸爸很想抱比蒂呀，这可如何是好呢？

有一次，比蒂妈妈跟同事聊起此事的时候，同

035

事告诉了比蒂妈妈一个很好的方法，就是由比蒂爸爸每天下班回家后给比蒂做按摩，然后再抱孩子，这样孩子就会乖乖地让爸爸抱抱了。果然，这个方法很管用。从此，每天下班后，比蒂爸爸和妈妈要做的第一件事情，就是给比蒂做一个全身按摩。按摩增进了比蒂和爸爸妈妈之间的感情，也让比蒂的皮肤变得更加敏感。

虽然爸爸妈妈白天都忙着上班去了，但只要他们回家了，比蒂还是很黏爸爸妈妈的，并没有因为爸爸妈妈上班了，就对爸爸妈妈的感情减弱。这是由于爸爸妈妈每天都为心爱的比蒂按摩，比蒂每天都能感受到爸爸妈妈对她的爱。

宋姐爱心课堂

科学家发现，婴儿出生后，如果失去经常性的触摸，就会导致生长激素水平不断下降，从而引发心理社会性侏儒症。之后，即使给这些婴儿注射了生长激素，他们还是不能成长。这充分证明了抚摸能刺激人体的细胞表层，使细胞对生长激素的反应变得更加活跃。由此可见，父母的抚摸对婴儿的成长很重要。

妈妈们频繁的抚摸不仅可以促进宝宝脑部的发育，还有助于宝宝的消化。受到抚摸的宝宝，消化激素分泌会明显提高，这也是抚摸能够让宝宝长得更好的原因之一。另外，父母经常抚摸宝宝，还可以防止宝宝因过敏性结肠综合征而导致的肠痉挛。

妈妈们经常给予宝宝抚摸，会让宝宝产生安全感，晚上会睡得很香，不容易被惊醒。同时抚摸还能增强宝宝的自信心，对宝宝将来的性格修养有很大影响。医学研究发现，从小缺乏抚摸的宝宝，长大后性格会比较孤僻，对自己的选择总是犹豫不决，经常怀疑自己的能力。

其实，抚摸对父母也有帮助。通过给宝宝按摩，与宝宝的身体接触，妈妈会渐渐地懂得宝宝的身体语言，明白宝宝的感受。

西尔斯支招DIY

按摩是爸爸妈妈和宝宝接触的一个互动的过程。对于父母来说，按摩时需要注意的是：

1.选择舒适的环境

为宝宝按摩的时候，最好找一个暖和、安静、通风的地方。一般，妈妈们会选择在落地窗前，因为那里有温暖的阳光。地方选好后，可以放点儿有助于宝宝睡眠的音乐。至于按摩的时间，妈妈可以自由选择。

2.选择合适的按摩油

一般，婴儿按摩师选用的是植物油（俗称"可吃的油"），这种油不仅富含维生素E，而且没有香味。在选择时，还要注意选择标签上注明"冷榨"的油，因为这种油的提取是通过物理压榨的方式，没有经过高热或化学溶剂的处理，油质也没有发生改变。不要使用坚果榨取的油，更不要使用从石油中提取的油。

3.要遵从宝宝的意愿

给宝宝按摩的时候，一定要征求宝宝的同意。如果发现宝宝在不停地扭动身体，或身体比较僵硬和紧张，妈妈就不要强迫性地给宝宝按摩，要先和宝宝进行目光交流。然后，握着宝宝扭动或紧张的双腿，一边轻轻地转动，一边对宝宝温柔地说："放松，放松……"慢慢地，宝宝就会放松下来，这时候，妈妈就可以进行按摩了。

西尔斯小语 ♡

妈妈为了给宝宝按摩，可以学习一些基本的按摩方法，购买相关的书籍或通过录像学习，也可以带宝宝去上按摩课。要每天都给宝宝做一次全身按摩，同时还要不停地给宝宝做局部按摩，让宝宝习惯爸爸妈妈的按摩动作。

爸爸的爱与妈妈的爱一样伟大，在爸爸妈妈共同关爱下长大的孩子更健康。

——西尔斯名言

阅读时间：25分钟　　受益指数：★★★★

邀请爸爸们加入亲密育儿的阵营

通常，人们认为育儿主要是妈妈们的事情。其实，爸爸也应该加入育儿的工作中，而且在育儿工作中爸爸能比妈妈们做得更好。据相关调查显示，希望与爸爸待在一起的宝宝占61%，而妈妈则只有39%，这是因为爸爸与宝宝玩耍的方法与妈妈不同，宝宝在与爸爸玩耍时，思维也更加活跃。

故事的天空

奥玛来到这个世界已经15天了，然而他的到来似乎没给爸爸带来什么变化，相反，给妈妈带来的改变却非常大。妈妈认为自从有了奥玛后，自己每天都过得很累，甚至连最起码的晚间休息都保证不了。每天半夜，妈妈都会被奥玛的哭声吵醒，然后起来喂奥玛吃奶。可爸爸每天都睡得很踏实，他从来不用起来喂宝宝，也没给他换过尿布。这让妈妈的心里很不是滋味。

于是，妈妈经常会抱怨，奥玛出生后，自己就没能睡过一个踏实觉，也没有时间洗澡……

这让奥玛爸爸也很头疼，他觉得自己确实帮不到妻子，因为完全无从下手。

每天的争吵让奥玛的爸爸没法安心工作，一位女同事看到他不开心的样子，就开玩笑说："当爸爸了，还不高兴了啊。"

奥玛爸爸就把自己的苦恼告诉了同事，同事告诉他，自己当初喂养宝宝的时候，如果没有丈夫的帮助根本坚持不下来。丈夫虽然不能替妻子喂孩子，但可以支持、鼓励她，为她创造一个良好的哺乳环境。环境好了，妈妈快乐了，宝宝也会高兴起来。

听到这样的话，奥玛爸爸终于明白自己能做什么了。于是，他承包了每天的晚饭工作，扫地、擦地、收拾屋子也都一手包办，这样妻子就可以专心带孩子了。妻子喂宝宝的时候，他就在一旁准备好毛巾，甚至还学会了给宝宝换尿布。慢慢地，妻子觉得带孩子不那么累了，奥玛爸爸也体会到了带孩子的辛苦。

宋姐爱心课堂

一般人认为，宝宝天生就与妈妈有着强烈的亲近感。所以如果爸爸再不加入到育儿的工作中，就更无法增进与宝宝之间的关系了。就像是故事中的奥玛爸爸，孩子出生都半个月了，还完全帮不上忙。这样不仅会累坏妻子，同时也会让孩子与你疏远起来，最终导致家庭的不和谐。

西尔斯一再强调，只有在爸爸的大力支持下，妈妈才能全身心地投入到宝宝的抚育中。比如，在喂奶这件事上，爸爸虽然不能代替妈妈，但可以在旁边陪伴妻子，为妈妈和宝宝创造一个温馨舒适的环境，让她们在快乐中完成喂奶。

下班回家了，爸爸可以为宝宝按按摩、陪宝宝开心地玩一会儿，这样既可以增进宝宝与爸爸之间的关系，还能让妈妈稍微放松一点儿，也让爸爸体会一下在家带孩子的辛苦。

在育儿过程中，爸爸不只是一个支持者，也不只是充当妈妈离开时的替补，而是在宝宝的成长过程中有特殊地位和责任的人。

西尔斯支招DIY

宝宝既需要妈妈的照顾，也需要爸爸的照顾。爸爸与宝宝相处的方式比较特别，不会太亲昵但却又带着阳刚气的宠爱，宝宝们很需要这种独特的相处方式。其实有些时候，并不是爸爸们不愿意加入到育儿工作中，而是妈妈们对粗心爸爸的照顾并不认可。

1.给爸爸了解宝宝的机会

从多数家庭来看，爸爸与宝宝们的亲密接触是在宝宝会说话后。他们认为，这个时候与宝宝们的接触才有意义。其实，爸爸们有这样的想法，一般是因为妈妈们没有给爸爸足够的机会了解宝宝。从宝宝出生开始，妈妈们就应该创造爸爸与宝宝接触的机会。比如，让爸爸给宝宝亲手按摩，或者是与宝宝进行目光交流，或是让爸爸给孩子讲一个小故事、唱一首简单的歌。渐渐地，爸爸就会发现宝宝成长过程中的变化。

2.不要干涉爸爸与宝宝交流的方式

爸爸与妈妈带宝宝的方式大不一样，妈妈们太爱宝宝了，总是担心爸爸照顾不好。但妈妈们请注意，在爸爸照顾宝宝的时候，一定不能要求他按照自己的方式来照顾。比如，爸爸与宝宝玩的多数是体力游戏，而且玩时也比较随心所欲，而妈妈与宝宝玩的则是一些有规则的游戏、使用玩具的游戏和阅读等。无论哪种方式都是宝宝成长过程中需要的，所以妈妈们不应该干涉爸爸与宝宝的交流方式。

西尔斯小语 ♡

事实上，宝宝很喜欢与爸爸单独相处。有研究显示，爸爸在照顾新生儿的时候，会全身心地投入，而且做得也不会比妈妈差。爸爸完全可以在孩子新生时期就与宝宝建立起牢固的亲密关系。

新手妈妈喂养知识

如果你爱孩子，最好选择母乳喂养。在母乳喂养的过程中，你会更加感受到作为母亲的喜悦和对孩子的爱。

——西尔斯名言

阅读时间： 30 分钟　　**受益指数：** ★★★★★

健康又营养的母乳喂养

到底是母乳喂养还是奶瓶喂养，这是每个家庭都会感到纠结的事情。有些妈妈们认为母乳喂养太费精力，不愿意母乳喂养。但是很多妈妈在用母乳喂养一段时间后，却再也没有奶瓶喂养的想法了。这是因为他们已经与宝宝建立了亲密的关系，而且母乳喂养也有利于妈妈身体的恢复。

故事的天空

玛雅刚出生的时候，医生就建议玛雅妈妈要用母乳喂养。但玛雅妈妈却不愿意，因为她觉得用母乳喂养既麻烦，又不利于自己体型的恢复，还限制了自己的自由。

但考虑到玛雅的健康成长，她决定先用母乳喂养一段时间。时间过得很快，马上就到了玛雅满月，玛雅爸爸问妻子是否要给玛雅改用奶瓶喂养。玛雅爸爸以为妻子一定会改用的，因为开始的时候，妻子那么坚决地不想用母乳喂养。但是结果却出乎了玛雅爸爸的意料，妻子决定继续用母乳喂养玛雅。她担心玛雅接受不了僵硬的奶瓶，担心玛雅不习惯用奶嘴，还担心玛雅因为换了喂养方式而吃不饱，甚至担心玛雅和妈妈的感情疏远。

总之，玛雅妈妈在喂养玛雅一个月后，决定继续用母乳喂养玛雅。她觉得女儿现在已经和她有心灵感应了，每次她想喂玛雅的时候，玛雅也正哭着要吃

第二章 踏出第一步，与宝宝亲密接触（0~1岁）

奶。这让玛雅爸爸很是不解。

宋姐爱心课堂

其实，母乳喂养是对宝宝最好的喂养方式。妈妈们可能一开始会觉得不适应，不想用母乳喂养，可能产生改用奶瓶的冲动。但是坚持喂养一段时间后，妈妈们就会体会到母乳喂养对妈妈、宝宝以及全家的好处了。这个时候妈妈就会努力克服所有的问题，采用这种最古老、最有效的喂养方式。

母乳喂养非常重要！妈妈的乳汁很特殊，就像世界上没有两片一模一样的树叶，世界上也没有两个妈妈的乳汁味道是一样的。

母乳中含有特殊的营养物质，能够保证婴儿大脑的发育。

母乳的成分中变化最大的就是脂肪，母乳中脂肪的含量会随着宝宝的成长而变化。并且每次喂养时，脂肪的含量也会有变化，一天内不同的时段也会有变化。随着宝宝身体的变化，乳汁也会不停地变化，以满足宝宝所需要的能量。宝宝一开始吮吸时，妈妈分泌出的乳汁称为前乳，脂肪含量不怎么高，但随着喂养次数的增多，脂肪含量不断地稳定增长。直到宝宝吃到脂肪含量较高的后乳，这时妈妈的乳汁中就含有了一种饱食因子，让宝宝产生一种吃饱并且满意的感觉。同时，乳汁的变化对妈妈身体的恢复也是有很多好处的。

西尔斯支招DIY

母乳是宝宝最好的食物，母乳富含着宝宝身体所需的各种营养，而且用母乳喂养对妈妈身体的恢复也很有帮助。新手妈妈们在用母乳喂养时一定要注意以下几方面。

1. 喂奶之前的准备工作

每次准备喂奶时，妈妈都要先清洗双手，之后用干净的毛巾蘸着温水擦拭乳头，再挤出几滴奶水冲洗乳头。然后妈妈选择一个舒适的坐姿，抱起宝宝，让宝宝的头枕在妈妈的臂弯里，面朝妈妈的怀抱，将哺乳一侧稍微垫高，就可以喂奶了。

2. 喂奶时的注意事项

开始喂奶了。如果喂左乳房，宝宝枕着的是妈妈的左臂弯，妈妈可以用右手指夹住乳头，把整个乳头塞进宝宝的嘴里，这样既能让宝宝得到充分的吮吸，又能够避免宝宝在吸奶的过程中吸入空气而导致溢奶。另外，还要注意的是一定要让宝宝先吸空一边乳房，再换另一边。因为只有排空一边，才能刺激另一边乳腺分泌更多的乳汁。

3. 喂奶后的工作

宝宝吃饱后，不要马上把宝宝放到床上，而要将宝宝竖直抱起，让宝宝的头靠在妈妈的肩膀上，轻轻拍打他的背部，直到宝宝打嗝，就说明在吃奶时宝宝将吞咽下去的空气吐出来了，这样宝宝就不容易溢奶了。把宝宝放下后，妈妈要先把乳头擦干净，再挤出一点乳汁抹在乳头上，干燥后再穿上内衣，这样可以预防乳头的破裂。

西尔斯小语 ♡

母乳喂养并不只是宝宝和妈妈的事情，而是涉及整个家庭。选择用母乳喂养的家庭，一般都有爸爸的全力支持。妈妈在选择是否用母乳喂养时，应该先看看母乳喂养的好处，然后再做决定。而且当妈妈选择用母乳喂养后，爸爸一定要尽全力支持妈妈。

在母乳喂养孩子的时候，妈妈千万要注意身体，不要让自己生病，妈妈不生病，宝宝才能健康。

——西尔斯名言

阅读时间：30分钟　　受益指数：★★★★

哺乳期服药也要小心

在哺乳期，妈妈生病了，该怎么办？能否吃药呢？能否继续喂养宝宝呢？这是让很多新手妈妈苦恼的问题。有很多的妈妈自己诊断病情，感觉自己能承受的就不吃药，如果实在没法忍受再服药。这种做法是否可取呢？

故事的天空

罗蒂两个月大，胖乎乎的非常讨人喜欢，爸爸经常对着可爱的儿子说："罗蒂你这头小牛也太能吃了吧，妈妈的乳汁都快供应不上你啦！"

有一天，罗蒂妈妈感冒了，全家人都非常着急，家人担心妈妈的感冒会传染给罗蒂，于是将他抱到了另一个卧室。小小的罗蒂与妈妈分开后，经常大哭大闹，而且也不吃奶粉。

听着罗蒂的哭声，妈妈感到很内疚，如果自己平时多注意点儿，就不会生病了，也就不会让罗蒂遭罪了。

可是，罗蒂妈妈不想服用任何药物，她担心药物会留在体内，对罗蒂有影响。

宋姐爱心课堂

哺乳期的妈妈如果生病了，服药时也要像怀孕期一样小心，要考虑到药物进入母体后对乳汁的影响。尽管有些药物在乳汁中的浓度比较低，但宝宝的体质弱，药物必定会影响宝宝的成长发育。

但是妈妈千万不要自己诊断病情，生病后应及时就诊，如果是一些可以现在治疗也可以过了哺乳期再治疗的疾病，那最好选择过了哺乳期再治疗。如果需要服药，妈妈一定要选择对宝宝影响最小的药物。

西尔斯给妈妈们的建议是：生病了一定要找医生诊断，在病情方面，医生是最有权威的，这才是对宝宝最负责任的做法。

西尔斯支招DIY

大多数药物都可能会进入母乳，不过进入母乳的药量一般只是妈妈服用剂量的1%左右。那么，如何在哺乳期安全用药呢？

1.服用药物之前，需谨慎

妈妈们在服用药的时候，必须考虑的是：

（1）这种药对宝宝有危害吗？

（2）这种药会减少母乳分泌吗？

（3）有没有与药物一样有效但更安全的治疗方式？

（4）能不能把服药和哺乳的时间错开，以减少进入宝宝体内的药物剂量？

2.物理疗法

如果妈妈有轻微的发烧现象，在不是十分严重的情况下，可以多喝水、多休息或使用其他的方法来治疗，比如冰袋降温、用酒精擦拭手心等。如果是需要做X光检查或者做手术，最好问问医生能否推迟一段时间，等宝宝大一点儿之后再去做。

3.合理安排喂奶与服药时间

必须服用药物的时候，妈妈们必须去咨询医生：什么时间药物在血液中的浓度最高。多数药物浓度最高的时段是在服药之后的1~3小时内，6小时之后药物就几乎能够完全被人体吸收分解。或者妈妈也可以采用以下的方法：

（1）在服药之前，使用吸奶器吸出一些乳汁备用。

（2）在服药前喂奶。

（3）晚上最后一次喂完奶后，宝宝睡眠时间最长，这个时候可以服药。

西尔斯小语 ♡

> 哺乳期生病是很常见的事情，妈妈们不要太担心，应第一时间找医生就诊，在医生的指导下进行喂养。如果不能喂养，可以先用奶粉代替母乳。

爸妈私房话

吃饱是宝宝健康成长的第一步，妈妈要注意观察宝宝的行为，让宝宝每次都吃得满足、开心。

——西尔斯名言

阅读时间：25分钟　　受益指数：★★★★★

宝宝吃饱了吗

新手妈妈最担心的问题就是宝宝吃不饱，因为她们不会判断宝宝是否吃饱了。事实上，只要细心观察，就会发现宝宝饿时吃奶会发出声音，而且下咽很急促；如果吃饱时，他们只是缓慢地吮吸，脸上还会有满足的表情。

故事的天空

德克出生了，家中增加了一位新成员，妈妈看着自己刚刚出生的可爱儿子，心中有一种说不出的喜悦。爸爸看着这个长得和自己小时候一模一样的宝宝，高兴地说："德克，我们终于见面了，这一天的到来，爸爸期待了很长时间。"

听，德克又开始哭了，"德克饿了吧，妈妈给你喂奶哦！"妈妈说着抱起了小德克，德克迫不及待地吮吸了起来。但是没吃多长时间，小德克就推开了妈妈的怀抱。难道德克不饿？为什么吃得这么少呢？可是他刚刚哭得那么厉害。如果他哭不是因为饿，那为什么现在又不哭了呢？妈妈感到很困惑。

德克吃奶的时间和数量很不稳

定。妈妈对德克到底吃多少能吃饱，每次喂奶需要间隔多少时间都没有把握。妈妈分泌的乳汁也有多有少，有时候，妈妈感到乳房胀满，想让德克多吃点儿，但他就是不吃。而有时候，奶水已经没有了，德克却还要吃。德克如此不稳定的进食，让爸爸妈妈很担心。

宋姐爱心课堂

妈妈的乳汁通常可以满足新生宝宝的需要，甚至一些妈妈的乳汁分泌得很多，宝宝根本吃不了。但麻烦在于新手妈妈对宝宝了解得不够多，不知道什么情况下宝宝需要吃，什么情况下宝宝吃饱了。有时妈妈看宝宝吃得少，担心宝宝饿，就把乳头硬塞进宝宝嘴里，这种担心可以理解，但做法却十分不可取。

宝宝饿时的表现形式有很多种，有时头会往妈妈怀里钻，有时会不停地吮吸手指……妈妈这时可以准备一个安抚奶嘴，试着把奶嘴放到宝宝嘴边，如果宝宝去含，说明确实饿了。如果宝宝主动吐出奶嘴，就说明他们已经满足了，无需多喂。

因此，只要妈妈们细心观察，就能知道宝宝们是否吃饱了、何时需要吃。

西尔斯支招DIY

表达饥饱是宝宝的本能，虽然还不会说话，但是他们会用哭声、动作来表明他们的需要。所以，妈妈要学会看懂宝宝的行为。

1. 喂奶时注意听

新手妈妈在给宝宝喂奶时，一定要注意观察宝宝吮吸和吞咽的次数。在乳汁充足的情况下，宝宝能够连续吮吸15分钟左右，并带有明显的吞咽声。通常情况下，宝宝会在吮奶多次后吞咽一下，平均吸2～4次咽一口。如果只看到宝宝吮吸的多而很少听到有吞咽声，则说明妈妈的乳汁分泌不足。

2. 观察喂奶后的入睡时间

每次喂奶之后，妈妈要观察宝宝入睡的时间。一般来说，宝宝在吃完奶后有满足感，就会安静地睡3～4小时，醒来后精神愉快，这就说明这一次哺喂的奶量足够。如果喂奶后，宝宝还咬着奶头不放，或哭闹不安，或睡觉时间不到2小时就醒来，说明宝宝还没有吃饱。

3.观察宝宝的体重增长情况

每过一段时间，妈妈都要记录宝宝体重的增长情况。一般新生儿每月的体重会增加500～600克，如果宝宝每月体重能稳步增加，而且面色红润、哭声响亮，这就说明妈妈的奶量能够满足宝宝生长发育的需求。

4.观察大小便

观察宝宝的大小便也可以知道母乳量是否充足。一般宝宝的小便每天6～8次、大便每天3～4次，就说明母乳供应良好。如果母乳不足，宝宝的大便颜色会稍深，呈绿色稀便或大便量少。当然，喂养不当或其他因素也可能造成上述类似的情况。

西尔斯小语 ♡

喂养宝宝是一件需要耐心和细心的事情，也是妈妈与宝宝建立感情的过程。不要以为宝宝一哭就是饿了，只有细心观察孩子的行为与习惯，才能掌握正确的喂奶时间。

爸妈私房话

给宝宝吃固体食物，选对时间很重要，这是考验妈妈细心和耐心的时候。

——西尔斯名言

阅读时间：25分钟　　受益指数：★★★★

固体食物慢慢来

宝宝从出生后一直都在吃同一种食物——母乳或者奶粉，那么他们什么时候可以开始吃固体食物呢？这是很多妈妈们关心的一个问题。要知道，为宝宝选择摄入固体食物的时间很关键。很多妈妈是根据他人的经验来喂养自己的宝宝，但事实上每个宝宝的发育情况并不一样，宝宝何时开始吃固体食物，应根据自身情况而定。

故事的天空

圣诞节到了，所有的家庭成员都聚齐了，准备一起庆祝节日。妈妈将6个月大的吉德放在专门为婴儿准备的高脚椅上，让他也参与热闹的家庭聚会。

大家兴奋地喝着红酒，吃着美味的牛排、火鸡，空气中弥漫着食物的香味。小吉德的面前却只放着妈妈为他准备的瓶装乳汁。然而他被食物的香味吸引了，于是便伸手去拿盘子里的食物。

吉德的小手开始出击了，而且速度特别快，他伸出左手去夺妈妈手中的叉子时，右手已经到妈妈的盘子

里拿牛排了。吉德的行为让全家人都很吃惊，在这之前似乎没人发现吉德有这样的举动，妈妈激动地说："是不是我们吉德想吃食物啦？"但是该不该给吉德吃呢？他又能吃些什么呢？

于是，妈妈决定问问吉德的医生。医生的建议是：4～6个月大的宝宝可以吃一些固体食物，但是具体什么时候喂食，应该根据宝宝的意愿来决定。一般发现宝宝开始对食物偷偷感兴趣的时候，就可以喂一些固体食物了。这让吉德妈妈更是疑惑了，"偷偷感兴趣"是什么意思呢？

宋姐爱心课堂

其实，"偷偷感兴趣"就是宝宝观察妈妈吃东西，看着妈妈把食物从盘子里送到嘴里，这个时候他一直盯着妈妈，露出感兴趣、很想吃的神情。比如故事中吉德的举动，就表明他可以吃固体食物了。

世界上没有任何两个宝宝的发育情况是一样的。所以，妈妈们不要照搬别人喂养宝宝的经验来喂养自己的宝宝，而要根据宝宝自身的发育情况而定。通常4个月以后，宝宝就可以吃固体食物了。但也有特殊情况，有的宝宝在6个月以后才能喂固体食物。如果妈妈根据自己的意愿过早地喂食，不仅宝宝的嘴巴不适合咀嚼，而且宝宝的肠胃也还没成熟到能处理多样的食物，一般在宝宝6个月左右，消化酶才开始运作。

当宝宝开始吃固体食物后，要逐渐地为他增加食物量。但是一定要记住宝宝的胃很小，只有他的拳头那么大。所以喂食的时候，食物量最好不要超过宝宝的拳头，而且这个时候的宝宝还没有形成稳定的吃饭模式，也许某天会吃得很多，但接下来几天却吃得很少。吃得少的时候，妈妈不要强迫宝宝吃，而是要允许宝宝边吃边玩。

西尔斯支招DIY

为了让宝宝吃得多一点儿而不是往地上掉得多一点儿，妈妈们既需要掌握一定的技巧，也要有很大的耐心。

1.了解宝宝喜欢的食物

在餐桌上喂宝宝食物时，妈妈要告诉宝宝这是什么食物、要怎么吃，然后把食物送到宝宝嘴边，看宝宝是否喜欢。西尔斯曾经在演讲中指出，一个人喜爱吃肉或吃素，在婴儿时期就会有所体现，所以父母可以在此时多多观察宝宝对食物的喜好，逐步培养孩子吃固体食物的兴趣。

2.用行动引导孩子吃固体食物

利用宝宝喜欢模仿大人动作的习惯，培养宝宝对固体食物的兴趣。妈妈可以故意在宝宝面前夸张地表现出很好吃的样子。比如，为宝宝准备好食物后，妈妈可以先吃一口，然后大声说："嗯……真是太好吃了！"并且露出很满意的表情，宝宝就会想去尝试了。

3. 给宝宝自己吃饭的机会

一般宝宝在6个月大的时候，就会掌握两项很重要的技能，一是能在高脚椅或妈妈的大腿上坐好，二是能伸手去够他们面前的食物。有些宝宝并不喜欢妈妈用勺子将食物送到嘴边，而是想要自己动手。妈妈不要怕宝宝弄脏手、衣服，应在他们面前放点儿食物，让宝宝伸手拿，这样对宝宝手指能力的锻炼也是大有帮助的。

4.选择恰当的时间

给宝宝喂食这项技术活，还需要选对时间。首先你要有充足的时间，因为宝宝在吃固体食物时会弄得一团糟。对于那些喝配方奶粉的宝宝来说，一般在早晨喂固体食物是最好的。如果是喂母乳，就要在奶水最少的时候，通常傍晚是奶水最少的时候，而且一定要在两次喂母乳期间给宝宝吃固体食物。若同时喂宝宝母乳和固体食物，很可能会妨碍宝宝吸收母乳中的铁元素。

西尔斯小语 ♥

每个宝宝的成长是不一样的。妈妈在宝宝成长的过程中，可以借鉴别人抚育宝宝的经验，但不能完全根据别人的经验来抚育自己的宝宝。

培养宝宝的能力

要开发孩子的智力潜能，那就让他爬。

——西尔斯名言

阅读时间：30分钟　　受益指数：★★★★★

让宝宝爬出自己的一片天

爬行是宝宝成长过程中的一个必经阶段，也是宝宝很乐意做的事情。爬行过程不仅会让宝宝发现世界很大，还可以锻炼他们的手和脚。但是有些妈妈却阻止宝宝爬行，她们认为爬行是可有可无的阶段，因为爬行会给宝宝带来健康的隐患。

故事的天空

弗特妈妈发现，弗特最近增加了一些本领，每当他平躺着的时候就会翻过身来，腿不停地乱蹬。他似乎要开始爬了，可是短短几秒内，弗特就平躺下了，难道他感到累了？

有一天，弗特妈妈看到弗特又把身子翻过来了，在试着爬行。于是，妈妈就拿玩具引诱弗特，弗特看到玩具马上开始行动了，左脚向后一蹬，右脚也向后一蹬，同时，双手向

前伸去，但身体并没有前进，反而后退了。看着玩具离自己越来越远了，弗特着急了，不知道怎么办，便大声哭起来。

于是，妈妈把玩具放到离弗特最近的地方，然后示意弗特自己去拿。当弗特准备爬向玩具的时候，妈妈来到弗特身后，双手轻轻握着弗特的小腿。当弗特的腿弯曲的时候，妈妈的手给了他一个向前的力，于是弗特向前爬了一步，抓到了玩具。

宋姐爱心课堂

通过仔细观察，我们会发现很多宝宝刚开始练习爬行的时候都是后退。这是一种正常现象，只要正确地进行引导，宝宝很快就能学会爬行了。

还有一些妈妈认为宝宝爬行的形象既不雅观，又不卫生，所以就不让宝宝爬。

其实，爬行是宝宝成长过程中的一个必经阶段，是一种极好的全身运动。研究调查发现，没有经过爬行阶段而走路的宝宝，动作发展远远比不上经过爬行阶段的宝宝。

爬这种动作，不仅可以促进宝宝们的眼、手、脚协调运动，而且能促进宝宝的大脑发育。宝宝在爬行的过程中，他的头、颈、臂、肘、腕、手、膝、踝关节、脚以及全身的肌肉，特别是腹肌与胸肌，都参与了活动并且得到了锻炼。因此，爬比走对宝宝的作用更大，尤其是在促进宝宝的神经发育方面。

西尔斯支招DIY

妈妈应该遵循宝宝的成长发育规律，到了爬行的阶段，应正确地引导宝宝爬行。根据爬的动作发展规律，爬行可分为：蠕动打转爬、给外力爬和独自爬三个阶段。

1.蠕动打转爬

这个阶段就是宝宝想爬而爬不动，四肢不停地挣扎，身体在原地打转而不动。这时候，妈妈要耐心地帮助宝宝，且每次练习的时间不能太长。

2.给外力爬

这时宝宝想要自己向前爬，但是爬不动，或者是向后爬了，这就需要给宝宝一个向后蹬的力。在距离宝宝不远处的前方，放置宝宝喜欢的玩具，妈妈用一只手推着臀部，一只手顶在宝宝脚底，宝宝在用力时，妈妈的手掌给他向前的力量，宝宝就能向前爬了。

3.独自爬

宝宝终于可以在没有人帮助的情况下自己爬了。这时妈妈仍然不能放松，不可以任宝宝自己爬行，要训练宝宝手脚协调一致地爬。训练的过程中要注意：

（1）注意保护膝盖。宝宝的皮肤柔嫩，容易擦伤，所以在训练时最好给他穿上棉护膝或轻便长裤，千万不能穿短裤训练。

（2）注意安全。宝宝在没有学会爬行之前，很可能从安全的角落意外翻滚到危险的地方。而在学会爬之后，拿到什么东西都会放到嘴里。所以妈妈要将房间收拾好，将周围不安全的物品全部清理掉。

（3）千万不要把宝宝一个人留在房间里，这样很容易发生意外。如果父母要上卫生间之类的，应该把宝宝放在安全干净的地板上，然后放上一些宝宝喜欢的玩具。

西尔斯小语

爬行对儿童的心理发展有很大的积极作用。宝宝通过爬行扩大了活动范围，而且会爬行的宝宝认知能力强，情绪发展也更完善。爬行锻炼了宝宝的四肢运动能力，也让宝宝的智力、思维等得到了发展。爬行既能满足宝宝的探索欲，又有利于宝宝的健康成长，妈妈应该鼓励、支持宝宝爬行。

站着看到的世界更广阔。

——西尔斯名言

阅读时间：<u>30</u>分钟　　受益指数：★★★★

引导孩子发现立体世界

站立是为行走作铺垫，当宝宝开始站立的时候，妈妈十分开心。于是，紧接着，妈妈就会开始训练宝宝走路。妈妈这种急迫的心情可以理解，但是宝宝站立还不稳，走路只会跌跌撞撞，妈妈要记住："站得稳，才能走得远。"

故事的天空

戴维这个小机灵鬼，经常会带给家人一些惊喜。他似乎很懂得妈妈在想什么，每当妈妈工作累了或者是因为生活中的一些琐碎事情而不高兴的时候，戴维就会带给妈妈一个意外的惊喜，让妈妈高兴起来。因此，妈妈称戴维为自己的"开心果"。

这天，妈妈因为繁忙的工作很晚才回家，她一进门就听到戴维的声音，于是就去看戴维。让她大吃一惊的是，戴维居然能扶着床头护栏站立了。这让妈妈感到很高兴，一瞬间，工作的烦躁、劳累都消失了。

妈妈抱起戴维，高兴地亲吻着戴维圆润的脸蛋，嘴里说着："妈妈的开心果，真懂妈妈。"

然后，妈妈告诉戴维的保

姆，从明天开始可以训练戴维站立了。

🙂 宋姐爱心课堂

宝宝的成长就是一个顺其自然的过程，妈妈既不能强迫宝宝们提前学会下一阶段的东西，也不能要求宝宝跳跃式发展，更不能放任自流、不闻不问宝宝的成长。平常细心观察宝宝的行为，一旦发现宝宝某些阶段的特征表现出来，妈妈就要抓住时机，趁热打铁，正确引导宝宝，并加以训练。

就像戴维的妈妈，当她发现宝宝有站立的行为时，就要开始训练宝宝站立了。

站立必须是在腰、下肢骨骼和肌肉得到充分发育之后才能进行的。因此，妈妈们应适时做好相应的准备工作。比如宝宝在4个月时，就可以有目的地训练宝宝的腿部支撑力。妈妈可以用双手扶在孩子的腋下，将宝宝微微举起后放下，当宝宝的小腿接触到平面时，再将宝宝重新举起。这个反复的过程能让宝宝的小腿得到锻炼，同时还可以与宝宝交流感情，带给宝宝欢乐。但应注意举落的动作需轻柔、缓慢，而且次数不宜过多。

这样的训练对宝宝之后的站立是非常有好处的。发现宝宝有站立的意识后，妈妈要坚持每天让宝宝锻炼几分钟，宝宝仰卧时看到的是一个平面世界，而站立时看到的是一个立体世界。所以，锻炼宝宝站立时，宝宝应该是很开心的。

🙂 西尔斯支招DIY

宝宝站立动作的训练一般分为两个阶段，即扶站阶段和独站阶段。

1.扶站阶段

宝宝刚开始站立的时候，就是扶站阶段，这个时候宝宝可以扶着人和物站立。扶站阶段还可以分为扶腋站立、扶双手站和扶一手站。

（1）扶腋站立。最开始训练宝宝站立时，妈妈需要用两手分别伸入宝宝的腋下，使宝宝两腿伸直站立在床、地等平面上。一段时间后，可以试着稍微放松一下，让宝宝自己站立，但一定要注意做好保护工作，以免宝宝摔倒。

（2）扶双手站。一般在宝宝7个月以后开始训练，妈妈要紧握宝宝的双手，让宝宝站立在平面上，慢慢地可以试着让宝宝借助妈妈的手站立。要注意的是，妈妈不可用双手提拉着宝宝站立，刚开始时间不能长，次数也不能多，要逐渐增加。

（3）扶一手站。宝宝用一只手扶着妈妈，另一只手扶着物体站立。这通常是在宝宝8个月之后进行训练。

2.独站阶段

当宝宝一手扶人一手扶物站立得比较稳当后，可以试着让宝宝扶着栏杆站立，也可把玩具放到栏杆上来吸引坐着的宝宝，使宝宝从座位上起来扶着栏杆站立。当然也可以让站着的宝宝去找平面上的玩具，使宝宝从扶栏杆的站立到坐下来。妈妈要逐步地引导宝宝独立站立，一开始宝宝可能只能站立片刻，经过一段时间的训练后，宝宝站立的时间就会延长，而且在不依赖任何物体的情况下，自己也能站稳，还能左右转身。要注意的是，妈妈一定要做好保护措施。

西尔斯小语 ♡

妈妈在训练宝宝进行站立时，应借助玩具创设良好的站立环境，还需要注意环境的安全性，比如选择平地、软地和有低扶物、无尖角的地方。每天坚持训练，并将宝宝的两腿略为分开，以降低重心，让宝宝站得更稳一些。

> 对于正常的孩子，想要让孩子越来越聪明，后天的训练比天赋更重要。
>
> ——西尔斯名言

阅读时间：30分钟　　**受益指数：★★★★★**

让孩子拥有聪明的大脑

妈妈都希望自己的宝宝聪明伶俐，所以当宝宝还在肚子里时，妈妈们就经常吃坚果，希望宝宝将来头脑聪明。多数父母认为人聪明与否都是天生的，没法改变，但事实上先天只是一小部分，智力的发展主要靠后天培养。

故事的天空

11个月大的安迪已经能自己走路了，而且走得比较稳健。安迪的爸爸妈妈都出身于中产阶层，受过良好的教育。所以在孩子的教育方面，他们都很重视。安迪的妈妈常常说："孩子的聪明与否与天生有一定的关系，但最主要的还在于后天的开发，如果孩子在小时候，智力得到充分的开发，孩子就会聪明。如果孩子在小时候，智力没能得到最大限度的开发，那么孩子先天的聪明劲儿也会逐渐消失。"

所以，安迪的妈妈从安迪一出生就制订好了智力开发计划。安迪最近对音乐比较敏感，只要家里放音乐，安迪的小手小脚就会随之摇晃，好像很有节奏感。于是，安迪妈妈就开始从音乐方面对他进行引导。每天妈妈都会定时地给安迪放一段

音乐，还常常给安迪看一些小朋友的舞蹈视频，安迪也会跟着视频扭动身体。

经过一段时间的训练，安迪对音乐越来越敏感了，而且安迪的手脚反应速度也越来越快。开始的时候，音乐响起后安迪才开始他的舞步，但现在他的舞步与音乐几乎是同时进行的。

宋姐爱心课堂

手脚的快慢，与大脑的反应有关。大脑反应快，手脚动作就快。所以，通过安迪手脚动作速度的变化，我们可以看到安迪的大脑已经得到了开发。

宝宝智力的开发越早越好，最好是从宝宝一出生就开始。父母可以从以下六个方面对宝宝进行基本的训练。

第一，视觉训练。拿一些色彩鲜艳的玩具在宝宝眼前晃动，可以训练宝宝眼睛的灵活性和追视物件的能力。

第二，听觉训练。通过击鼓、摇铃等发出声音，来训练宝宝的听觉。

第三，触觉训练。给宝宝做按摩操，刺激宝宝的皮肤知觉。

第四，动作训练。主要就是抬头、坐、翻身、站、走等动作的训练，来促进宝宝运动能力以及协调能力的发育。

第五，语言训练。逗宝宝笑，与宝宝说话，为宝宝储存语言信息。还可以给宝宝念儿歌、读诗、指认物品和画片等。

第六，社交训练。经常带宝宝去户外与邻居、陌生人接触，训练宝宝与周围人的交流能力。

宝宝刚出生的时候，父母就可以采用以上这些方法对宝宝进行全面培养。在训练的过程中，父母要注意观察、发现宝宝的特长，但也不要片面强调宝宝的特长。因为宝宝在成长的过程中，有些特长会随年龄的变化而变化。有些父母没有注意到宝宝的这个变化，他们就会一直不惜一切时间和精力，培养宝宝的这个特长。后来宝宝的兴趣改变了，特长也发生了转变，所以父母之前的努力也就白费了。但也有些宝宝的天赋很早就会显现，这种情况下父母的努力培养，就可以为他将来的人生奠定基础。

西尔斯支招DIY

父母都希望宝宝有美好的未来，能成为对社会有用的人。为此，父母愿意不惜一切代价帮助孩子、培养孩子。那么，开发孩子的智力采用什么方法好呢？

1.抓住宝宝好问的特点

宝宝对周围的新鲜事物充满了好奇心，经常会向父母提出一些稀奇古怪的问题。这个时候就是开发孩子智力的最佳时机，父母要满足宝宝的好奇心，尽量给宝宝做出回答，但是语言不要太深奥，要生动形象，否则宝宝无法理解。

2.不过高的要求宝宝

父母"望子成龙，望女成凤"的心情都能理解，但是不能因为心情急切，就过高地要求宝宝。假如一个孩子根本没有音乐天赋，而父母却强迫他学习音乐，这会使孩子产生极大的焦虑感和压力，最终不仅影响孩子智力的发展，还会压制孩子的天赋发展。甚至有些父母还认为"棍棒底下出天才"，结果没能让孩子的智力得到充分的发挥，还造成了悲剧。但父母如果要求过低，又会让孩子失去奋斗的目标。因此，父母应根据孩子的能力，提出适当的要求。

3.在游戏中学习

游戏不仅仅能让宝宝开心，还能让他们从中获得知识。比如，家长和宝宝一起玩卡通游戏牌，一边玩一边可以教宝宝认识卡通牌角上的数字，还可以通过提问的形式让宝宝思考数字的大小关系。这样在玩耍的过程中既让宝宝开心了，还激发了宝宝对数字的兴趣，这也是开发智力的一个很好的方法。

西尔斯小语 ♡

为了宝宝的智力的发展，父母要为宝宝提供或设计一个多样化的生活环境，来激发宝宝的心智，促进宝宝的智力发育。不要认为聪明的头脑是天生的，当然聪明与遗传有关，但关键还是在于后天的培养。所以要想让你的宝宝有一个聪明的头脑，一定要从小培养。

握住宝宝的手，引导宝宝抓握东西。

——西尔斯名言

阅读时间：30分钟　　受益指数：★★★★★

灵活而充满智慧的双手

宝宝开始抓一些柔软的东西时，就是在告诉妈妈他们到了手指敏感期。妈妈应该抓住这个时期，锻炼宝宝的手指能力。手指是受大脑控制的，所以，锻炼手指的同时大脑也得到了锻炼。然而有些妈妈却阻止宝宝抓拿东西。

故事的天空

丹妮的家庭是中西文化的结合，丹妮的妈妈是英国人，爸爸是中国人。这个家庭由两个国家的文化组成，所以在丹妮的教育问题上，经常会出现一些分歧。

丹妮7个月大的时候，对软乎乎的东西很感兴趣。有一次奶奶亲自下厨，正在和面，在旁边玩耍的丹妮看到奶奶不停地揉着面盆里的面，就将手伸进面盆。奶奶看到之后，赶紧将丹妮的小手从面盆里拿出来，并告诉丹妮："这面是吃的，不能玩！"但丹妮根本不听，执意要玩。

这时候，丹妮的妈妈就给丹妮带上了"围裙"，并在一个小塑料盆中放了点儿面粉，然后又加了水，让丹妮自己玩。这下丹妮可兴奋了，她把所有的水都倒进了面里，然后不停地抓着"稀泥"似的面粉，小脸都乐开花了。可是奶奶却满脸的不高兴，因为丹妮将地板弄得一片狼藉，丹妮的妈妈赶紧向婆婆道歉，并将地板打扫干净。

宋姐爱心课堂

7~8个月大的宝宝都有丹妮这样的喜好，比如抓香蕉、抓沙子等。其实，宝宝喜欢抓这些软软的、细细的东西，就等于向父母们发出信号——宝宝手的敏感期到来了。

但是，宝宝们到了手的敏感期，为什么会喜欢抓一些软软的、黏黏的东西呢？

其实，这就是宝宝在验证手的能力。因为在这之前宝宝使用的唯一"工具"就是嘴。当他们开始把手放入嘴中时，手的敏感期也就来临了。宝宝惊奇地发现原来自己的小手可以抓拿东西，于是宝宝就会不停地验证自己手的这种功能，看到软乎乎的东西就直接去抓，所以很多吃的东西就遭到了宝宝的破坏。

当宝宝看到沙子、香蕉、果肉等穿过自己的指缝时，会感觉非常良好，仿佛自己具有了一种神奇的魔力。于是，他们不厌其烦地重复，并且感到骄傲地让父母看。父母此时一定要鼓励和表扬宝宝。

如果在手的敏感期，父母阻止了宝宝的这种抓拿，就会延长手的敏感期。等到宝宝应该独立拿叉子、勺子吃饭的时候，他们会拒绝学习使用这些工具，直接用手抓饭、抓菜，以体验那种软软的、黏黏的感觉。所以，父母一定不要因怕麻烦、怕浪费而阻碍宝宝这个阶段的成长。当宝宝抓握食物的时候，将宝宝的手洗干净，并把宝宝放在容易清理的地方再让宝宝好好玩耍。

西尔斯支招DIY

这个阶段的宝宝正是锻炼手指活动能力的好时机，也并不是只有抓捏饭菜、香蕉才能锻炼宝宝的手指，生活中很多事情都能让宝宝的手指得到锻炼。

1. 锻炼宝宝手指的抓握力度

妈妈和宝宝一起做仰卧起坐，既可以锻炼宝宝的手指抓握能力，还可以锻炼宝宝的身体协调能力。首先将宝宝平放在柔软的床上，让宝宝握住妈妈的双手食指，妈妈握住宝宝的手腕，把仰卧着的宝宝慢慢提拉起来，然后再轻轻放下。这样每天反复几次，就可以了。

2.五指分家

宝宝在一开始抓握东西时，都是用整个手掌去抓握。妈妈在锻炼宝宝手指抓握的过程中，可以引导宝宝学习拇指与其余四指对捏的抓握动作，也就是让拇指明确地与其余四指分开。处于这个年龄段的宝宝，拇指和食指已经比较灵活了，通过训练五指的分工会让宝宝的双手变得更加灵活。

3.训练拇指与食指对捏

当宝宝的拇指能与其余四指分开，并能很好地抓拿物品，甚至能拿起桌上很小的东西如维生素药片时，就可以训练宝宝的拇指与食指的对捏的能力了。如果宝宝每次拿起东西都是用拇指和其余四指一起抓起，而不能单独使用食指与拇指配合对捏，妈妈可以握住宝宝的中指、无名指及小指，然后让宝宝用拇指和食指捏起桌上较大的物品，再慢慢地由大到小进行训练。

西尔斯小语

宝宝手指运动的同时可以刺激他们的大脑发育。因为在手指动作精细化的过程中，大脑在不断地思维，眼睛也在不停地观察，这样大脑的思维能力和眼睛的观察能力就都得到了锻炼，眼、手、脑的协调能力也得到了提高，同时还促进了宝宝的智力发育。所以妈妈们一定要为宝宝多提供动手的机会。

抓住宝宝语言发展的关键期，为宝宝创造一个充满声音的语言环境。

——西尔斯名言

⏰ 阅读时间：30分钟　　🎓 受益指数：★★★★

宝宝会说话啦

宝宝出生后，每天都能听到爸爸妈妈的说话声音。在这个有声的世界中，宝宝一直都在模仿着。突然有一天，他会带给妈妈一个意外的惊喜——"妈妈"，这两个看似简单的字，却是宝宝送给妈妈最珍贵的礼物。

📖 故事的天空

吉米的家庭环境比较特殊，吉米的爸爸妈妈是一对聋哑人，很多人认为吉米一定也是聋哑人。但是让人惊奇的是6个月大的吉米已经能发出一些单音节了，这足以说明吉米是一个正常人，他有语言能力。

吉米一出生的时候，吉米妈妈就为吉米请了一位爱说话的、语言非常流畅的保姆，并要求保姆每天都要带有感情色彩地和吉米对话，为他创造一个有声的、丰富多彩的世界。

这位保姆每天早晨给吉米穿衣服时，首先是与吉米打招呼，然后就会告诉吉米他们下一步要做什么。每次睡觉的时候，保姆会为吉米讲故事或者唱催眠曲，虽然吉米听不懂，但她还是很投入。即使吉米已经睡着了，她仍不会忘记说

第二章　踏出第一步，与宝宝亲密接触（0～1岁）

065

"晚安"。

就算半夜为吉米换尿布，这位保姆也会说："吉米，你又撒尿啦，咱们要换尿布了。"

这位保姆强烈的责任心，使得吉米从小一直生活在这样一个有声的环境中，以至于他6个月大的时候，就能发出一些单音，这让吉米的妈妈很开心。

宋姐爱心课堂

宝宝从一个无声的世界，来到这个有声的世界，他们对声音充满了好奇。在他们的成长过程中，每天都能听到大人的对话以及大人对他说的话，他们看到大人嘴唇一张一合的时候发出了声音，这让他们感到好奇。他们的听觉器官经常受到这些声音的刺激，渐渐地，他们的语言功能区就得到了激发，所以也能够发出一些简单的单音来。

一般宝宝在4个月时，发现大人的声音来源于嘴巴，嘴巴在运动的时候就产生了语言。大人说话时，他们常常会着迷地盯着大人的嘴巴。然后，宝宝就会模仿大人嘴巴的动作，想要发出声音，从这时起宝宝就开始学习语言了。

如果宝宝一直生活在一个没有语言的世界中，他们也就不可能会说话了。比如说吉米，如果妈妈没有为他请保姆，一直让他与爸爸妈妈生活在那个无声的环境中，他也就不可能会发出咿咿呀呀的声音了。

也许前些日子宝宝还不会说一个字，但没过几天宝宝就能发出好多的单音节了。虽然听不懂他在说什么，但是这说明宝宝的语言功能已经得到了激发，这个有声的环境刺激了他的语言中枢神经。相信在不断地刺激下，宝宝有一天终会像爸爸妈妈一样吐字清晰地说出话来。

西尔斯支招DIY

父母应该了解宝宝发展的一些基本规律，尤其要了解宝宝语言发展的阶段性。父母没有必要刻意地教宝宝说话，因为他们学习语言有自己的规律，父母需要做的就是帮助他们去实现这个自然的过程。

1.为宝宝提供良好的语言环境

一个良好的语言环境，对宝宝语言的发展至关重要。例如，有一对双胞胎在两岁的时候还不会说话，只有在很着急的情况下，才会发出一些咿咿呀呀的音节。原因是这两个孩子从出生到两岁，一直都变换着语言环境，换过好几个保姆，而且保姆说的都是各不相同的方言。这使得宝宝在学习语言的重要时期没能寻找到一个固定的形式，接收到的只是一些语音，所以只能表达出一些语音而无法表达出完整的意思。

2.容忍宝宝发脾气

如果宝宝因为不能用语言表达自己的想法而发脾气时，父母千万不要加以指责，而要平静地倾听，并试图表达出宝宝想要表达的内容。如果父母对宝宝置之不理或者生气责骂，就会扼杀他的自信心，甚至阻碍他的语言能力发展。比如，有些妈妈在孩子没法表达自己的想法而着急时，她们会不停地笑，觉得孩子着急的样子很可爱。但是这些父母忽略了孩子的感受，给孩子学习语言造成了障碍。

3.抓住恰当的时机

宝宝学习什么都有一个敏感期，在宝宝语言发展的敏感期，父母一定要抓住时机多教他一些表达的方式或用词、用句的方法。一般来说，宝宝在3岁之前，可以毫不费力地学会一门语言。3岁之后，即使宝宝付出数倍的努力，再加上爸爸妈妈的耐心教导，也不一定能取得满意的效果。

西尔斯小语 ♡

> 宝宝的语言能力需要父母的培养，当父母发现宝宝开始发出一些单音时，要有意识地对宝宝进行语言的训练，如果过了这个时期，语言训练的难度就会加大。

爸妈私房话

第三章

走向独立，勇敢迈出第一步（1~3岁）

学步期的宝宝开始有了自己的认知，对食物也变得更加挑剔。而且，此时的宝宝需要吸收更多的营养才有助于身心的成长。为了孩子的健康，父母就需要在宝宝的饮食上多花一些心思，努力培养出一个不挑食的乖宝宝。

让饮食拉近与宝宝的距离

花最短的时间，做最具创意的美味。只要每天多花5分钟，就可以将平淡的食物变成精巧又美味的艺术品，让宝宝主动爱上吃饭。

——西尔斯名言

阅读时间：30分钟　　受益指数：★★★★★

让宝宝吃饭真的好难

通常学步期的宝宝比较挑食，父母应该了解宝宝在这个阶段的成长模式，经常为宝宝变换菜色，创造各种新奇的吃法，吸引宝宝的注意力，让宝宝爱上吃饭。

故事的天空

刚刚两岁的瑞德长着一张胖乎乎的小圆脸，模样十分可爱，因此，每一次妈妈和同事聊起孩子的时候，总是很得意，因为她每次为瑞德准备的食物都会被小家伙吃个精光。可是同事却每天都在抱怨3岁的儿子对于饭菜总挑三拣四，担心儿子会因此营养不良。每当听到这些，瑞德妈妈总是笑吟吟地说："没关系，不要担心，过段时间或许就会好了。"

就在最近，瑞德妈妈也开始苦恼了，因为一向听话的瑞德也开始挑食了，他吃饭的时间不固定，饮食习惯更是让人捉摸不透。妈妈还发现他前几天还很喜欢吃的东西，这两天却不喜欢了。之前，妈妈觉得自己很了解儿子的饮食习惯，但这段时间她真的有点儿"丈二和尚摸不着头脑"了，根本不知道瑞德今天想吃什么、明天想吃什么。

最让人难过的是，瑞德最近日渐消瘦，原本圆圆的小脸蛋瘦了很多，这让妈妈更是心神不安，担心瑞德是不是生病了，或者是身体中缺乏微量元素。于是，妈妈带瑞德来医院做了检查，检查结果显示孩子的身体很健康。医生告诉妈妈，这一年龄段的孩子经常会出现厌食、挑食等现象，不必太担心，这都是正常的。听了医生的解释，妈妈才放心了。

宋姐爱心课堂

故事中的妈妈带瑞德检查后发现，瑞德月平均摄入的食物的营养值比她想象中要均衡得多。1~2岁的宝宝每天需要摄入1000~1300卡热量，但是并非每天都是如此。某一天他们可能什么都没有吃，但在第二天的饭菜中又可以补回来，摄入的营养仍能达到均衡。

事实上，父母的责任就是为宝宝购买并准备营养食物，通过精心的烹饪，放在孩子面前就可以了。至于孩子吃不吃、吃多少、何时吃，让孩子自己决定，父母只需加以鼓励和指导。如此进行一段时间之后，父母慢慢就会发现，宝宝自己吃得更好，而且整个过程也表现得十分享受。

因此，不要因为担心宝宝营养不均衡，而强迫宝宝吃东西。宝宝与成人是一样的，强迫会让宝宝很不开心，甚至会养成不健康的饮食习惯。当然也不能太过放纵，让宝宝自由发展。父母应该学会在强迫和置之不理之间寻找一个平衡点，尽量配合宝宝的需要和心情。例如可以采用一些食品伪装术或者用小东西"贿赂"宝宝等，来引诱宝宝吃饭。

西尔斯支招DIY

作为父母，不要因为宝宝不吃你精心准备的食物而烦恼，也不要强迫宝宝吃。那么，父母的烦恼该怎么解决呢？西尔斯认为让宝宝真正喜欢上食物才是解决烦恼的最佳方法。

1.打开惊喜

给宝宝一个惊喜,比如让宝宝自己打开食品包装盒,妈妈可以事先在盒子里边装上形状、颜色各不相同的食物,当宝宝打开包装盒看到这些食物的时候,一定会觉得非常惊喜。之后,让宝宝选择他自己喜欢吃的食物,如此便可以培养宝宝吃饭的兴趣。

2.变换菜单

不要每天都重复同样的饭菜,即使是同样的食材,也要想方设法地变换做法。比如,你做了菜花,宝宝不喜欢吃,你可以尝试着蘸酱或者为菜花取一个新奇的名字,引诱宝宝。如果依旧没效果,你可以加些西兰花,做成树的形状,或许可以引起宝宝吃饭的兴趣。

3.榜样的力量

当你为宝宝准备了他不熟悉或不太喜欢的食物时,你可以先试吃,然后做出夸张的表情,告诉宝宝很好吃。或者和宝宝一起吃,把盘子放在你和宝宝的中间,一人拿一个叉子,每吃一口都要表现得很好吃的样子,一般宝宝都喜欢模仿父母,这就可能会使宝宝产生吃的兴趣。

西尔斯小语 ♡

> 宝宝挑食是让妈妈最头疼的事情。西尔斯家有一个让宝宝爱上吃饭的很好的方法,就是把同一种食物做成很多种不同的形状,然后鼓励宝宝为这些不同形状的食物取名,最后让宝宝自己决定吃哪一个。

在婴幼儿期影响身高的因素，除了遗传之外，营养元素的影响也很大。宝宝在出生到3岁以内正处于生长激素分泌旺盛的阶段，特别是不满1岁的孩子的身高几乎不受遗传因素的影响，而是主要与营养有关。因此，如果在宝宝3岁之内给他们良好的营养，就可以为他们以后的身高奠定一个良好的基础。

——西尔斯名言

阅读时间：30分钟　　受益指数：★★★★

你的宝宝长高了吗

妈妈只要发现宝宝哪一天没有吃水果或蔬菜，就会担心宝宝缺失营养。事实上，宝宝与成人一样，一段时间吃得多，一段时间吃得少，一段时间喜欢吃某一个菜，一段时间又不喜欢吃某个菜。但是，如果对他们进行一个阶段性的测评，你就会发现他们的营养是均衡的。所以，宝宝不想吃某些食物时，妈妈不要太担心，也不要强迫宝宝。

故事的天空

两岁的尼亚是一个活泼可爱的女孩，而且很有主见。但是在吃饭这件事情上，尼亚的有主见却被爸爸妈妈认为是挑食。

这些天，妈妈因为尼亚不坚持每天吃水果而烦恼。为了让尼亚爱上吃水果，妈妈做出了很多努力，一有时间就上网查或问同事有什么好的办法让宝宝爱上吃水果。当然，她也了解到了不少好法子。

这一天吃完晚饭之后，妈妈将一盘水果端到尼亚的面前，"尼亚我们一起吃块苹果吧！"尼亚摇了摇头，于是妈妈接着说，"那我们吃个橙子如何？"尼亚还是摇了摇头。妈妈看这招不好使，于是就开始给尼亚讲道理了，"苹果中富含维生素和矿物质，橙子中含有大量的维生素C，这些营养元素对于身体很有帮助，可以让你长高，如果不吃会……"妈妈讲得津津有味，可是尼亚却在一边玩得很开心，至于妈妈说的话她一句都没有听进去。看着瘦小的尼亚，妈妈十分担心。

宋姐爱心课堂

故事中的妈妈看到宝宝不喜欢吃水果，便想方设法让孩子吃，虽然这是出于对孩子的爱，却往往会适得其反，让宝宝越来越讨厌吃水果。

事实上，宝宝今天不愿意吃，就不要强迫他吃，也许明天他就会吃。其实宝宝很会调理自己的身体，如若不信，妈妈可以带宝宝到医院做检查，你就会发现他的身体很健康，各种营养都不缺。不吃其实是因为他暂时不需要。

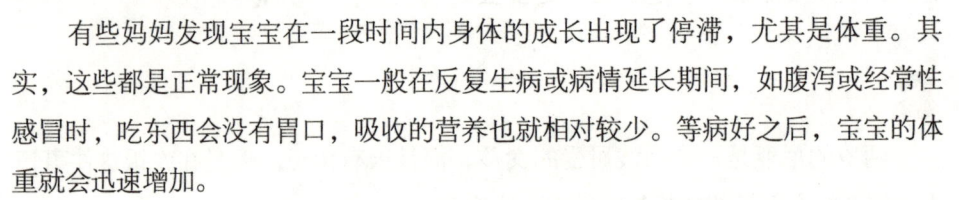

不要因为宝宝瘦就断定宝宝营养不良，瘦或许是因为宝宝爱运动，或者是宝宝吸收的营养物质促进了身体的发育，又或者是其他原因。

有些妈妈发现宝宝在一段时间内身体的成长出现了停滞，尤其是体重。其实，这些都是正常现象。宝宝一般在反复生病或病情延长期间，如腹泻或经常性感冒时，吃东西会没有胃口，吸收的营养也就相对较少。等病好之后，宝宝的体重就会迅速增加。

另外，环境也会影响宝宝的食欲。比如，夏天天气炎热，宝宝会出现食欲不佳的情况，进而影响到宝宝身高和体重的增长。过大的情绪波动，也会影响宝宝的食欲。

西尔斯支招DIY

妈妈爱子心切，希望宝宝营养均衡，健康成长。那么，应该怎样判断孩子的营养是否充足呢？

1. 为宝宝制作生长曲线

在生长曲线图上记录下宝宝一定时间内的身高和体重。一般，医生为宝宝做健康检查也是这样做的。当然，曲线图并不是指导宝宝营养问题的绝对标尺，但至少是一个开始。如果经过一段时间的标记，宝宝的身高和体重都位于曲线图的顶端，妈妈们就不必担心营养问题了，这表明宝宝的营养足够。

2.观察宝宝身体的各部位

除了看曲线图的记录外，还要观察宝宝身体的各个部位。一般营养不良的症状有：

第一，头发稀疏、干燥，且易断。

第二，不经常发生跌倒碰摔的地方也容易出现淤青、皮下出血，伤口痊愈较慢等。

第三，眼神呆滞，且经常布满血丝等。

第四，舌苔苍白，且常常出现溃疡等症状。

第五，骨骼比较软，双腿弯曲，肋骨突出。

3.记录宝宝的饮食

记录宝宝每天吃的食物类型、数量和摄取的热量值。连续记7天，计算平均每天摄取的总热量。由于宝宝的饮食每天都在变，所以计算周平均值比较准确。宝宝今天可能只吃了蔬菜，但明天他会吃水果，7天之后如果达到了平均值的范畴，就说明宝宝身体摄取的营养是充足的。

西尔斯小语

妈妈们总担心宝宝吃得太少，影响他们的成长发育。其实，妈妈们不应只观察宝宝近期的成长状况，也不应凭自己的感觉判断宝宝这段时间是否发育正常。要想了解宝宝的成长情况，需要经过长期的观察，才能得出比较准确的结论。

小手小脚动起来

鼓励孩子行走，让孩子大胆地迈出自己人生的第一步。

——西尔斯名言

阅读时间：30分钟　　受益指数：★★★★★

充满勇气地迈出人生第一步

对于宝宝而言，走路是人生中至关重要的一步。这一步的迈出，意味着宝宝人生道路的开始，他们即将面临很多选择，当然也会接触更多的事物。在练习行走的过程中，他们对周围的世界有了更多的了解，视野也变得更加开阔。为了让宝宝早点独立、稳健地行走，妈妈应该让宝宝多练习走路。

故事的天空

一天，妈妈带着一岁零两个月的蒂克到外面玩，刚刚学会走路的蒂克独自站立着，感觉周围的一切都是那样新奇，一颗小脑袋转来转去不停地看着四周。突然，他好像发现了什么，于是晃晃悠悠地走向了草丛。葱郁的小草把石阶包围着，他一不小心，脚下一绊，趴在了草丛中。

蒂克并没有像其他孩子一样哇哇大哭，在妈妈的鼓励下，他勇敢地站了起来。妈妈高兴地抱起儿子回到了原地，再次把蒂克放在开始站立的地方。他又朝着草丛的方向走去了，到了台阶附近的时候，蒂克忽然停下来了，回头看看妈妈。然后小心翼翼地将一只脚踏在了台阶上，等到确定自己站稳了，又将另一只脚放了上去，最后他成功跨过了台阶。

蒂克笑着回到妈妈身边，手中拿着一朵已经被他捏扁了的喇叭花。哦，蒂克妈妈明白了，原来蒂克是为了摘这朵花。

宋姐爱心课堂

故事中刚刚学会走路的蒂克对这个熟悉而又陌生的世界充满好奇，他积极探索着身边的一切。蒂克妈妈做得也非常好，当蒂克摔倒的时候，妈妈并没有因为担心宝宝受伤而去阻止他，而是给了宝宝继续探索的机会，这是一种很好的教育方式。

正所谓"在哪里跌倒就在哪里爬起来"，失败之后的成功会让宝宝产生强烈的成就感，同时也会让宝宝们的自我意识得到发展。1岁多的宝宝喜欢独立探索世界，他们极力地挣脱父母的束缚，从蹒跚学步到跌跌撞撞，义无反顾地走向了独立。

行走让宝宝从过去的不自由、需要帮助的状态中解脱出来，活动的范围扩大了，而且自己想要的东西也不必转达给父母才能获得了，宝宝能感知的世界越来越大了。

西尔斯支招DIY

宝宝刚刚学会走路，有些妈妈担心宝宝摔跤，只要一出门就抱起宝宝。其实，父母应该明白宝宝是需要锻炼的，练习走路时摔跤是必然的，况且宝宝只有在摔跤的过程中才能健康成长。那么，作为父母究竟应该怎样做呢？

1.不要干涉宝宝

刚学会走路的宝宝，有一个特点就是：喜欢走坑坑洼洼的地方，尤其喜欢走那些脏的地方。妈妈因此很生气，不懂得宝宝为什么总喜欢走这些地方，于是就会强行把宝宝从自己认为不好的道路上拉回来。这时候，宝宝就会大哭大闹，并要求回到原来的路上去。如果遇到这种情况，妈妈不必担心，应该放手让孩子自己选择。

2. 安全的环境

为宝宝创造一个安全的环境。宝宝刚学会走路时，总是跌跌撞撞，有时碰到什么东西会拿起放入嘴里，所以妈妈们应该把家里那些与宝宝等高的家居的棱角用海绵包起来。那些宝宝可能会随手拿起放入嘴里的东西也要收起，比如药物、妈妈的首饰等。除此之外，父母还可以为宝宝穿上防滑的鞋袜，以防宝宝跌倒。

3. 带宝宝学走路

对于刚学走路的宝宝来说，妈妈应给予他们锻炼的机会，让宝宝更加平稳地行走。妈妈可以拉着宝宝的一只手，带宝宝练习走坡路。在反复的练习中，逐渐掌握身体的平衡。有些父母认为宝宝自己会走路了，就不必再带着宝宝学习走路了。其实，宝宝在自己练习走路的过程中经常摔倒，会挫伤宝宝学习走路的信心，从而使宝宝不敢自己行走。因此，宝宝走的不是很稳的时候，父母还是有必要带着宝宝练习的。

西尔斯小语 ♡

这个阶段的宝宝行走也是有目的的，他们并不是为了行走而行走。他们的行走完全是受自身探索欲望的驱使，他们想自己站起来，走出去，去探索观察周围的世界。在独立行走时，他们发现自己的世界是那么的大，这使他们的探索欲望得到了满足。所以，父母应该尝试多让宝宝独立行走。

> 运动孩子的左右手，就可以开发左右脑。
>
> ——西尔斯名言

阅读时间：30分钟　　受益指数：★★★★

加入了"左手俱乐部"

不管用左手还是右手写字都是正确的。对于习惯用左手的宝宝，父母切记不要使用暴力、威胁、强制等手段纠正。最好的方法就是让宝宝的右手在无形当中也得到锻炼。正所谓"两手都要抓，两手都要灵活"，千万不要为了锻炼右手，而克制了宝宝的左手。这样会让宝宝产生误解，认为自己做错了，从而打击了宝宝的自信心。

故事的天空

两岁的迪达手脚十分灵活，在日常观察中，妈妈发现迪达似乎十分喜欢用左手拿东西，当时她并没有太在意。

周末吃完晚饭后，妈妈让迪达自己玩玩具，她去忙工作了。过了很长时间，都没有听到迪达的声音，妈妈便去看迪达在干什么，结果发现他左手拿着笔，在纸上画画呢。妈妈没有大声斥责迪达，而是语气温和地对迪达说："宝贝儿，你这样握笔的姿势是不对的，用左手握笔、吃饭不好，这样会影响到以后的生活，所以我们要改正。"说着，就将迪达的左手中的笔放到了右手中。迪达跟着妈妈的节奏画了起来，很显然，迪达并不喜欢这样的握笔姿势，于是硬

第三章　走向独立，勇敢迈出第一步（1～3岁）

要将笔握在左手，这样来来回回几次后，迪达一怒之下走开了。

宋姐爱心课堂

故事中，当妈妈看到迪达用左手握笔的时候，认为会影响到宝宝以后的生活，所以强迫他改用右手。结果适得其反，让宝宝对握笔感到厌倦了。

一般而言，爸爸妈妈其中有一人是左撇子，宝宝使用左手的概率就会很高。其实，左右手的使用是受人体大脑控制的，左手受右脑控制，右手受左脑控制。宝宝习惯用左手说明宝宝的右脑比较发达，所以，父母没有必要强迫宝宝改用右手，而应让宝宝的左右手同时得到锻炼，也就可以使宝宝的左右脑同时得到发展。

相关数据表明，人体左右脑的发展方向不同。右手活动实际上促进了左脑的发展，左脑负责的是理解文字、语言、数学概念；左手活动则促进了右脑的发展，右脑负责的是空间定位、音乐旋律、绘画构思等复杂的情感和想象力。宝宝的大脑正处于迅速发育阶段，聪明的父母应该从宝宝的用手习惯来判断宝宝的左右脑优势，根据左右脑分工的不同，了解宝宝的特长，并给予适当的训练和刺激。

西尔斯支招DIY

为了宝宝左右脑的均衡发展，父母应该同时培养宝宝左右手的能力。在宝宝总是使用一边的手的情况下，聪明的父母应该采取以下的方法来培养宝宝左右手全面发展：

1.有意识的培养宝宝经常也使用另一只手

锻炼宝宝使用另一只手的习惯，父母不可采取强制性手段，应该从宝宝的日常生活入手进行锻炼。比如，当宝宝惯用一只手时，为了使两只手的能力都得到发展，父母可以在宝宝玩耍时，特意在宝宝的不常用的一只手边放一些他们喜爱的玩具，让宝宝在玩耍的时候无意识地用这只手拿起玩具，从而让他慢慢地养成会用另一只手的习惯。

2.不要给宝宝压力

父母一定要有耐心，从宝宝日常生活中的点点滴滴开始，但是一定要在宝宝无压力、不改变习惯的前提下，慢慢地加以锻炼。

3.通过游戏锻炼

父母可以和宝宝一起玩一些简单的游戏。例如拍手游戏，妈妈和宝宝面对面地坐着，妈妈出右手的时候，宝宝也要出右手，大手、小手相拍。然后妈妈出左手时，宝宝也出左手，同样两手要相拍。刚开始速度可以慢点儿，慢慢地再加快速度。

西尔斯小语 ♡

> 3岁左右的宝宝正是左右手并用的时期，对于那些偏用左手的宝宝，父母不要强行去纠正，应该顺其自然，同时也不能忽视对其右手的训练。同时训练宝宝的左右两只手，可以促进宝宝左右大脑开发，这样宝宝将来才能够心灵手巧。

爸妈私房话

不同宝宝对学步车的适应能力是不同的，是否选择学步车要因人而异。

——西尔斯名言

阅读时间：25分钟　　受益指数：★★★★★

学步车不一定能帮助宝宝走路

很多父母都为宝宝买了学步车，但是学步车能否帮助宝宝走路？父母购买的目的是为了帮助宝宝走路吗？事实上，学步车对宝宝走路的帮助并不是很大，而且有些宝宝不适合使用学步车。

故事的天空

罗斯是家中的掌上明珠，握在手里怕碎了，含在嘴里怕化了。

在罗斯七八个月大的时候，家里因为要不要给罗斯买学步车，进行了一场大辩论。辩论双方分别是爷爷奶奶和爸爸妈妈，爷爷和奶奶认为使用学步车有利于罗斯锻炼身体，还有利于罗斯早早学会走路。而爸爸妈妈则认为过早地使用学步车会导致O形腿，而且他们已经咨询过专家，使用学步车不利于宝宝的思维发展。

现在，罗斯已经1周岁了还没有学会走路，于是爷爷奶奶就开始抱怨，说爸爸妈妈当初要是听取他们的意见，罗斯现在一定已经学会了走路。随即，一场

家庭争论再一次爆发。

宋姐爱心课堂

有很多父母因急切盼望宝宝能早些走路而买学步车，也有些父母认为带孩子太累了，学步车既使自己省心，又能让宝宝开心。但事实上，如果没能正确地使用学步车，就会影响宝宝的健康成长。比如，宝宝站立时间比较长，下肢根本承受不了身体的重力，时间久了就会影响以后的走路姿势。等宝宝会走路的时候，妈妈就会发现他的走路姿势有些"奇怪"。

其实，上面提及的两类父母的想法都是不正确的。宝宝成长有自己的自然规律，不是父母想改变就能改变的。再者，父母要对宝宝的成长负责，不能为了自己省心而投机取巧。

每个人对学步车的意见都不一样，从目前的相关报道来看，似乎持反对意见的比较多。

而根据西尔斯最新的研究我们也能够知道，学步车不仅对宝宝的运动发育没有促进作用，反而会让宝宝的运动细胞发育迟缓。使用过学步车的宝宝与没有使用过的宝宝相比，学会爬行独自站立和行走的时间都比较晚。据相关调查数据显示，使用学步车的时间每增加24小时，独自站立和行走的时间就会推迟3天。

西尔斯支招DIY

如果宝宝确实有使用学步车的需要，爸爸妈妈一定要谨慎对待。

1.不能过早使用

如果宝宝不满10个月，最好不要使用学步车。因为过早地使用学步车，会打破宝宝的自然生长发育规律，不利于孩子的健康成长。比如身体平衡性差，全身肌肉协调性差，还会出现感觉统合失调，一般表现为手脚笨拙、身体灵活性差、多动、注意力不集中等，性格方面表现为冲动、任性、脾气暴躁等。

2.选择合格的学步车

选择学步车时，一定要挑选高度适中、部件牢固、车轮摩擦力强的。国家质检总局发布的《婴儿学步车安全要求》中规定：

学步车不应有外露的开口管子、速度调节器和其他可能挤夹伤害婴儿的凸出物；

学步车必须安装胯带，宽度不得小于35毫米；

除了脚轮，学步车的其他部分离地不得少于25毫米。

请家长在购买学步车时一定要参照这一规定。

3.仔细阅读装配使用方法

根据宝宝的身高，仔细查看说明书中相应的座位高低的规定，以及每次乘坐的时间限制、场地等安全要求。同时，要经常检查学步车的零部件并做定期的维护。

4.不适合使用学步的宝宝

一般而言，有两种宝宝不适合乘坐学步车：有佝偻病或超低体重的宝宝。

西尔斯小语

为宝宝选择学步车时，一定要先考虑宝宝是否适合使用，如果适合，要买正规的、合格的学步车。西尔斯的建议是：尽量不要使用学步车，因为它对宝宝学走路既没有多大的帮助，又错失了很多宝宝自己锻炼的机会。

爸 妈 私 房 话

培养宝宝的能力

父母不要强迫宝宝做一些他们不喜欢的运动，应给予他们选择的机会和权力，这样做不仅使宝宝开心，还有利于锻炼大脑思维能力。

——西尔斯名言

阅读时间：30分钟　　受益指数：★★★★★

爱运动的宝宝"体商"高

人的手脚都是受大脑控制的，手脚运动时，大脑也得到了锻炼。大脑与手脚一样，使用的次数越多越灵活，这就是为什么爱运动的宝宝智商高的原因。

故事的天空

3岁的露丽丝十分喜欢户外运动，爸爸妈妈在家里还为她准备了一个活动场所——阳台。这里有篮球架、滑梯等。她经常抱着小皮球在阳台上投篮，一个人玩得很开心。

周末到了，爸爸妈妈决定带露丽丝去郊外野餐。爸爸妈妈告诉露丽丝明天全家人去郊外的消息后，露丽丝高兴地转了好几个圈。然后，她告诉妈妈自己要准备东西去了，妈妈惊讶地问她："要准备什么呢？"她哈哈大笑着说："秘密。"然后，一溜烟儿跑进了自己的房间……

第二天到了郊外，她才告诉妈妈自己昨晚什么都没准备，就是好好睡了一觉，妈妈感到更惊讶了，这是为什么啊？露丽丝说："我要和你们比赛跑步，休息好了我才有体力和你们竞争。"于是，爸爸当裁判，妈妈和露丽丝比赛。一声令下，妈妈还没反应过来，露丽丝却早已跑开了，裁判爸爸在一旁笑得前俯后仰。

露丝丝的反应这么灵敏，与她经常运动是分不开的。

宋姐爱心课堂

故事中的露丝丝爱运动，运动不仅让她的体商得到了锻炼，还提高了她的智商及反应能力。可见，运动的好处是很多的。

近些年来，除了大家都知道的智商、情商和财商外，在西方国家出现了一个新的词语——体商。西方人对从小培养孩子的体商越来越重视，那么体商究竟是什么呢？其实就是提高孩子对体育锻炼的热心程度以及参与运动的水平。

多数西方人认为，宝宝越早参与锻炼，体商的提高就会越快。因此，西方的宝宝从出生的那天便开始了"锻炼"。在春、夏、秋三季，仅两周的宝宝，父母就会抱他到户外，在柔和的阳光下洗日光浴，每次的时间大约为15分钟，每日1~2次。随着宝宝的长大，外出的次数会随之增加，时间也会延长。而且每次外出，妈妈们都会轻柔地摆动宝宝的小手、手臂、肩膀和腿。在宝宝与大自然接触的过程中，受外界的新鲜空气及阳光等自然因素的刺激，可以促进宝宝身体和心灵的健康发展。

西尔斯支招DIY

为了宝宝的健康成长，父母有必要注重宝宝体商的发展。

1.鼓励宝宝结交运动高手

体育运动一般都是群体性的活动，因而培养宝宝的集体意识与锻炼体商有着紧密的联系。西方国家的父母总是鼓励宝宝与那些爱运动、体能特别好的小伙伴交朋友，目的就是想让宝宝在这些小伙伴的带动下逐渐对体育运动产生兴趣，提高参与运动的主动性和积极性。

2.做宝宝的好榜样

统计显示，一般在不喜欢运动的家庭中长大的孩子，往往也不喜欢运动，是四体不勤的"懒虫"。因此，父母为了宝宝能爱好运动，自己首先要爱好运动。

3.帮助宝宝克服心理障阻

有些宝宝并不是天生不爱运动，而是因手脚笨拙、反应迟钝、肥胖或身材过于矮小等原因产生了强烈的自卑感。所以，在日常生活中父母应该多注意宝宝的一举一动。发现宝宝的异常心理时，要及时地开导孩子，不要太看重他们运动过程中的表现和成绩。

4.要宽容宝宝

如果宝宝手脚不太灵活，体能不够充沛，运动水平也没有同龄宝宝强，父母一定不要加以责备，只要宝宝愿意动起来就非常棒了。父母应该帮助孩子发现运动的乐趣，对他的进步和成绩，都要及时地表扬。父母要允许宝宝经常变换运动项目，这样有利于增强孩子对运动的兴趣。

西尔斯小语

运动既有利于宝宝的身体健康，又有利于宝宝的智商、体商的发展。父母应从小培养孩子对运动的兴趣，提高他们的体商。

在劳动中培养宝宝珍惜时间、热爱劳动的宝贵品质，树立宝宝的责任感、自信心。

——西尔斯名言

阅读时间：30分钟　　受益指数：★★★★

勤劳的宝宝爱做事

很多宝宝喜欢帮父母干活，但是经常被父母拒绝，因为他们常常帮倒忙或者做得太慢，父母认为孩子纯属捣乱，会浪费很多的时间，远不如自己做呢。父母的这种做法虽然节省了很多时间，但是却让宝宝变得越来越懒了。

故事的天空

两岁的辛迪非常喜欢帮妈妈做家务，例如扫地、擦桌子、洗衣服等。一开始，妈妈是十分高兴的，还夸辛迪懂事了。可是，每次妈妈都要跟在辛迪后面打扫，时间一长，妈妈就不乐意让辛迪帮忙了。

有一次，妈妈打扫厨房，把橱柜中的很多调味品都拿出来了，并一一摆放在地上。这时辛迪主动当起了妈妈的搬运工，把那些瓶子、罐子陆陆续续往外搬，不一会儿客厅的茶几就被摆满了。辛迪看着自己的劳动成果不禁拍手叫好，但是小手一挥，只听到"砰"的一声，酱油瓶掉到了地上，黑乎乎的酱油溅得满地都是。妈妈听到声音急匆匆地从厨房跑出来，看到眼前的一切顿时怒火冲天。正要

开口斥责，辛迪一副委屈的表情，说道："妈妈不要生气嘛，我错了。"

妈妈看到辛迪勇敢承认错误，怒气也消了一半，问道："你现在告诉妈妈为什么要把这些东西搬到客厅呢？"

"因为我经常看你在收拾家里的时候，都是将那些没用的先扔到客厅，所以我就搬到客厅了。"妈妈听后，简直哭笑不得，对自己这个帮倒忙的儿子实在是无奈。

宋姐爱心课堂

故事中的辛迪虽然经常帮倒忙，但可以看出他爱做家务。其实，父母应该让宝宝参与到家庭劳动中来。因为在做家务的过程中，不仅可以锻炼宝宝的观察力、理解力及自信心，还可以让他们建立成就感、参与感和荣誉感。更重要的是，做家务能够培养宝宝的责任心和归属感，锻炼宝宝的独立自主意识。

如果父母对于宝宝的懒惰行为表示不满，想要改变宝宝的这一习惯，只靠说服教育是不行的。应该让宝宝参加家务劳动，亲自体验，多多训练，最终形成爱劳动的好习惯。对于宝宝来说，通过劳动实践能够掌握一些生活中的基本常识，同时，劳动实践还是宝宝认知社会的一条重要途径。父母可以用游戏的形式，和宝宝一起做一些有趣的家务劳动。比如，与宝宝比赛擦桌子，看谁擦得又快又干净。当然劳动内容必须适合宝宝的年龄，不能太复杂，一般以自我服务为主，而且时间不要太长。目的就是让宝宝通过这些有趣的家务，感受到劳动带给自己的快乐，体会到父母的辛苦。

西尔斯支招DIY

要改变宝宝懒惰的习惯，做家务是一个很好的办法，但让宝宝爱上做家务则需要父母花一些心思。

1.理解做家务的意义

父母应该让宝宝做一些力所能及的家务，不要认为家务很简单，长大了自然就会做了。让宝宝学着做一些家务，并不是让他替妈妈分担什么，也不是为了教会他做家务，而是要培养宝宝热爱劳动的好习惯。父母一定要舍得放手，让宝宝自己去实践，不要因为宝宝做得不好或者自己心急，就大揽大包，聪明的父母应该给宝宝真正锻炼的机会。

2. 把握时机

当宝宝看见妈妈擦桌子、扫地、拖地板时，也会照猫画虎。这个时候，妈妈就要抓住时机训练宝宝做一些简单的家务活。当然，妈妈应在旁边协助。例如，与孩子一起玩完玩具后，要共同收拾，慢慢地他就会主动收拾自己的玩具。

3. 肯定宝宝的努力

父母一定要给予宝宝参与家务劳动的机会，并要在恰当的时机鼓励和赞美宝宝，让宝宝感受到劳动带来的快乐，并从中获得成就感和自信心。

4. 树立正确的劳动观

父母应该从小就对宝宝进行劳动教育，但绝不是简单的说教，而是从日常生活中做起，在有意无意中进行。经常让宝宝自我服务、参与家务劳动以及鼓励宝宝参加一些集体性的公益劳动，使宝宝树立正确的劳动观念，培养他们良好的劳动习惯，激发宝宝对劳动的热情。

西尔斯小语

多为宝宝创造劳动的机会，让他们从劳动中感受快乐，体验生活的美好，从而培养宝宝爱劳动的好习惯。

交往是人生存应具备的基本能力。

——西尔斯名言

🕐 阅读时间：25分钟　　🎓 受益指数：★★★★★

宝宝的朋友满天下

"朋友多了路好走"，这句话一点都不假。为了宝宝有一个美好的未来，也为了锻炼他们的交际能力，父母从小就应该培养宝宝与人交往的能力。尤其是那些比较腼腆的孩子，妈妈一定要多带他们去公共场所，锻炼孩子交往的能力。

故事的天空

爱玛是一个比较腼腆的女孩子，已经两岁的她还时常拽着爸爸妈妈的衣角跟在他们身后。不管是到公园玩，还是到亲戚朋友家做客，爱玛总是安安静静地坐在一边不说话，看着其他小朋友玩。

前几天，妈妈带着爱玛去参加一个朋友的生日聚会，有宝宝的父母都是带着各自的宝宝来的，这群小家伙见了面可不得了了，虽然互不认识，一起玩得却十分好，真是天生的交际家呢。可是爱玛却一直拉着妈妈的手安静地跟在妈妈后面，无论妈妈怎么鼓励她，她都不和小朋友们在一起玩。

妈妈在无奈之下，只好加入到小朋友的玩耍中，鼓励爱玛放开自己。但爱玛依旧十分胆怯，紧紧跟在妈妈的身边，拉起妈妈的手，看着妈妈与小朋友们玩耍。

妈妈很担心爱玛患上了自闭症，于是带爱玛到医院去咨询。医生给爱玛妈妈的建议是，带着孩子多与外界接触，以此锻炼她的社交能力。

宋姐爱心课堂

故事中的爱玛不善与人交往，其实很大一部分原因在于父母的培养和锻炼。如果爸爸妈妈经常带爱玛外出，接触的人多了，视野变得开阔了，交流能力自然就提升了。

其实，人与人之间的沟通与合作是非常重要的，是人一生中不可或缺的社交技能。无论做什么工作都需要与人沟通，如果不懂得沟通，就没有办法在社会中生存和立足。每个父母都希望自己的宝宝健康成长，那么首先就要引导、帮助宝宝与人交往。

如果两岁左右的宝宝不喜欢与人沟通、交往，父母就必须注意了。因为这个时候正是宝宝的语言敏感期，如果宝宝不善于交流，那么很容易造成宝宝语言方面的障碍，甚至会让宝宝形成孤僻的性格。

针对这样的宝宝，父母千万不要训斥，应该采取鼓励的措施，从生活中让宝宝体会到与人交往的乐趣，让宝宝感受到朋友带给他的快乐。

当宝宝需要帮助时，在给予帮助的同时，要记得让宝宝说"谢谢"二字；也可以问孩子是否需要帮助，教他说"请您帮帮我"之类的话；影响到别人时要说"对不起"。这样做的目的是让宝宝敢于说话，从"敢说"开始锻炼，逐渐引导宝宝与周围的小伙伴交朋友。

西尔斯支招DIY

宝宝的成长过程中不能缺失的就是与人交往，父母一定要帮助、引导宝宝与人交往。

1.帮助宝宝正确地进行自我定位

在日常生活中，父母应该引导宝宝明确自己处于不同场合的身份、地位，进而明确自己的职责。比如，到了幼儿园，就要让宝宝知道自己是幼儿园的一名小朋友，应该与小朋友之间处好关系，懂得尊重老师。回家了，他就变成了爸爸妈妈的好孩子，爷爷奶奶的乖孙子。

2.鼓励宝宝积极主动地与人交往

如果宝宝不善与人交往，父母一定要鼓励、引导宝宝主动与人交往。比如，遇到熟人，要鼓励宝宝主动问好；到了一些公共场合要鼓励宝宝主动认识周围的小朋友。宝宝在得到父母以及别人的赞扬后，会渐渐体会到其中的乐趣。

3.邀请小朋友做客

父母可以邀请邻居家的小朋友到家里聚会，用他们喜欢的玩具来搭建一个小屋，并给他们放好听的儿歌、做他们喜爱的食物，然后让他们都参与到家庭的活动中来，一起洗菜、一起吃饭、一起收拾餐具。

之后，留给他们充足的自由玩耍的时间，让宝宝在这样的小集体中感受到与小朋友在一起的快乐。

西尔斯小语

要想让宝宝有很好的交际能力，就应从小开始锻炼，让宝宝自己与同伴去玩耍，教给他基本的礼貌用语。如果父母从小就朝着谈判家的目标训练宝宝的交际能力，对宝宝的将来一定会有很大的帮助。

有辨别是非能力的人，才会有所成就。

——西尔斯名言

阅读时间：30分钟　　受益指数：★★★★★

提高宝宝辨别是非的能力

宝宝初来乍到，对这个世界的规则还不熟悉，他们不知道什么是对的，什么是错的，所以经常认识不到自己的错误。这时就需要父母的正确引导和教育，教会宝宝明辨是非，培养宝宝区分、辨别事物的能力。

故事的天空

3岁的科迪是一个非常调皮的男孩，他有一个很好的玩伴叫洛克，他们一见如故，第一次见面就玩得不亦乐乎。

有一次，妈妈带科迪到洛克家做客，两人和之前一样，见面之后就很高兴地抱在了一起。然后，洛克将科迪带去了自己的卧室玩玩具。

大人们在客厅正聊得开心时，却听到孩子们在卧室吵了起来，似乎吵得还很厉害。本来两位妈妈商量好不管他们的事情，让他们自己解决，但听到吵闹声越来越厉害，就来到了洛克的卧室。打开门后发现地上有很多的碎瓷片，经过询问才知道，原来是科迪打碎了洛克的笔筒，洛克要求科迪向自己道歉，并把这些碎片清理掉。但是，"倔强"的科迪坚持认为这并不是自己的错

误，是洛克没有将笔筒放好。

妈妈问科迪："洛克的笔筒是放在哪儿的？你为什么认为自己没有错呢？"科迪说："放在写字台上的，要是放在书架上我就打不碎了呀。"妈妈告诉科迪他真的错了，笔筒就应该放在写字台上。科迪听到妈妈这样说，终于放下自己的"面子"，主动向洛克说了"对不起"，并且独自将碎片清理干净。洛克这才原谅了科迪。

宋姐爱心课堂

由于宝宝年龄比较小，他们分辨对错的能力还不强，责任意识薄弱，自我控制能力也很差，经常意识不到自己犯了什么错误。如果父母此时不加以及时的纠正，宝宝以后就容易犯同样的错。因此，家长教孩子分辨是非是很必要的。

作为父母的你是否遇到过同样的难题？宝宝经常意识不到自己错了的原因，每次犯错后都会坚持自己的观点，甚至即使认识到了错误，也不肯为自己的错误道歉。通常，很多宝宝明明犯了错却不肯承认，反而极力寻找各种各样的借口；有时犯错之后虽然会向别人道歉，但是心里却不认为自己有错，只会把道歉当作挡箭牌。

其实，培养宝宝知错就是一件很不容易的事情。面对宝宝所犯的错误，父母要客观正确地对待，千万不能用打骂等粗鲁的方式教育宝宝，这样不仅不能让宝宝认清错误，还可能会适得其反，打击宝宝的自尊心，并且使他们对生活产生厌恶之情。

科迪的妈妈面对那种情况，先了解事情的起因经过，再弄清楚错在谁身上是正确的做法。这种教育方式值得妈妈们学习。

宝宝的本质都是善良正直的，只要父母加以正确的引导，宝宝都会变成明辨是非、知错就改的好孩子。

西尔斯支招DIY

宝宝是非观念不明确，常常做错事还不肯认错。面对这种情况，有些家长认为主要是因为宝宝太小不懂事，所以不需要重视。殊不知，宝宝的这种习惯会延续到以后的成长中，到那时他就会变成一个不受大众欢迎的人。因此在宝宝年纪尚小时，父母就应该努力培养宝宝的明辨是非观念。

1.让宝宝学会主动认错

父母首先要教会宝宝明辨是非，宝宝知道了什么是对的、什么是错的以后，自然能够为自己的错误道歉。但有时宝宝即使知道错了，也不敢承认，是因为害怕父母的责怪。所以，父母应鼓励孩子勇于承认错误，让他明白知错就改才是好孩子。

2.家长纠错要及时

当发现孩子犯错时要立即进行纠正，效果才是最佳的。有些宝宝虽然虚心道歉却还屡屡犯错，这时家长不仅要要求宝宝诚恳地道歉，而且要督促宝宝用实际行动来进行改正。

3.家长学会主动认错

许多奉行家长制的父母认为，父母永远不可能犯错，即使错了，为了维护威严和地位也不能向孩子道歉。所以很多父母从不为自己的错误向孩子道歉。但是调查显示，父母主动认错不仅可以增进亲子关系、融洽家庭关系，而且还能让宝宝明白每个人都会犯错。父母主动认错，会让宝宝更加信任尊敬父母。

西尔斯小语 ♡

宝宝虽然不能准确地判断是非，但宝宝具有超强的模仿能力。因此家长可以多给宝宝讲英雄人物的故事，让孩子在娱乐中建立正确的是非观。

妈妈们应该经常地、习惯性地引导宝宝认识空间，从生活中培养宝宝的空间感。

——西尔斯名言

阅读时间：30分钟　　受益指数：★★★★★

引导宝宝发展空间智慧

随着宝宝各种能力的迅速发展，他们已经认识了一些物体的颜色和形状，逐渐地他们有了空间感，他们能感知到空间，然后在大脑中转换，并通过手的动作把感知到的东西表现出来。这时父母可以引导宝宝向更高级的空间智慧发展。

故事的天空

两岁的萝莉人虽然小，但是她的居住空间却很大。里面堆着很多的玩具，有些是萝莉要求爸爸妈妈买的，有些是爸爸妈妈认为这些对萝莉智力发展有益而买的。

前几天，萝莉妈妈逛超市，看到在超市入口处堆放着很多特价玩具。她就像小孩一样将这一堆玩具翻来翻去，终于发现了一桶积木，她认为这有利于萝莉的智力开发，便买下了。结果萝莉确实很喜欢。

每天下班回家，妈妈都会教萝莉认识积木的颜色、形状和大小，同时和萝莉一起搭建不同的空间造型。一开

始妈妈只是鼓励萝莉把积木垒高，慢慢地，她开始让萝莉搭建一些生活或图画书中的简单房屋。

过了一段时间，萝莉不仅认识了很多的颜色，还会区分大小、高低了。

宋姐爱心课堂

其实，空间感并非人与生俱来的，而是在后天的环境中逐渐培养出来的。宝宝一出生，父母就要有意识地培养他们的空间感了。空间感不仅是我们生活中必须掌握的一项基本能力，还会影响以后职业的选择。一般空间感好的人会选择建筑、航空等职业。

父母最好选择积木来培养宝宝的空间感。实践证明，这是非常适合培养宝宝空间感的玩具，因为积木是一种可以体现力学原理的益智玩具。比如积木大小不同，它们的稳固性也就不一样，稳固性好的不容易倒塌。教宝宝用积木搭建房子，会让宝宝逐渐意识到平衡、对称、稳定之间的关系。每次和宝宝一起搭积木之前，都要让宝宝有一个计划，考虑好下面搭什么，用哪些积木来搭，上面搭什么，用什么积木。这样可以让宝宝养成遇事先思考后动手的好习惯。

西尔斯支招DIY

培养宝宝的空间感，既有利于宝宝的智力开发，还有利于宝宝理解一些生活的常识。

1.教宝宝认识"里""外"

教宝宝认识"里""外"也是培养宝宝空间感的一种方法，宝宝认识里外之后，他会突然发现原来自己周围的空间这么大。妈妈也不用专门抽出时间来教，只要从生活中的一些小细节引导即可。比如，带宝宝出去的时候，电梯门开了，妈妈先进去摁住电梯门的开关按钮，然后，告诉宝宝进来，这可以使宝宝明白"里""外"的概念。

2.教宝宝理解"上""下"的概念

"上""下"其实是数学智慧中一个组成部分，它既有利于宝宝认识空间，还有利于培养宝宝的几何立体感。这也完全可以从生活的细节中引导宝宝。比如，与宝宝一起看故事书时，特意告诉他：树上有小鸟，地下有小狗、小猫等，然后，抬头指着天花板问孩子这是"上"还是"下"。多次反复之后，宝宝就会懂得"上""下"的关系。

3.让宝宝理解"前后""左右"

宝宝最难理解的就是"左""右"关系，所以，妈妈可以先教宝宝"前""后"的概念，既可以从生活中引导宝宝，也可以在和宝宝一起做游戏的过程中引导宝宝。比如，和宝宝赛跑，当宝宝跑到你前面时，可以说："宝宝跑得好快啊，竟然跑到妈妈前面了。"告诉宝宝自己面对的方向为"前"，背对的方向为"后"。在这几个方向都了解后，可以慢慢地教宝宝先区分"左""右"手，然后再教他们认识左右方向就容易多了。

西尔斯小语 ♥

从简单的方位开始教宝宝，逐渐地让宝宝认识自己生活的空间，自然而然宝宝就会产生立体感，这时，妈妈就可以进一步发展宝宝的空间智慧了。

爸妈私房话

千万不要错过孩子对文字的好奇阶段，家长要抓住机会多教一些。

——西尔斯名言

阅读时间：25分钟　　**受益指数：**★★★★

好学的宝宝开始识字啦

实践证明，婴幼儿完全有认识字的能力，并且婴幼儿学习识字有利于右脑的开发。宝宝越早学习识字，智商就会越高，关键就是父母如何正确地教宝宝识字，如果方法不对就会适得其反，甚至还有可能产生副作用。

故事的天空

在小蒂娜降临这个世界之前，蒂娜的父母就已经计划好如何教育小蒂娜了。现在，小蒂娜已经1岁了，爸爸妈妈决定教小蒂娜识字。他们觉得这是一件非常艰巨的任务。

小蒂娜非常喜欢玩玩具，所以爸爸妈妈决定将字写在玩具上，这样小蒂娜每天就可以看到了，也方便父母教她。

可是，慢慢地，爸爸妈妈发现小蒂娜只专心于玩玩具，完全忽视了玩具上的字。这让父母很焦虑。

一天，小蒂娜想要玩玩具，这时候爸爸说："蒂娜，你那么想玩玩具，你知道玩具上的字是什么意思吗？"

小蒂娜摇头。

"那么爸爸教给你，等你学会

后，再玩玩具好不好？那个时候，你就会发现玩具比现在还好玩。"

就这样，小蒂娜开始了识字之旅。她逐渐地感到文字的趣味，于是给所有的娃娃都起了名字，并且由爸爸把名字写在纸上，继而再贴到娃娃的背后。慢慢地，小蒂娜认识了更多的字。在入学的时候，小蒂娜在文字方面的知识明显强于其他孩子。

宋姐爱心课堂

小蒂娜对玩具的热衷，让父母找到了教她学习识字的方法。这也告诉我们，每位父母都要懂得用最简单的方法教会孩子学习识字。

宝宝认字是一个轻松自然的过程。父母不能让宝宝觉得有压力。西尔斯曾经在讲座上提到过这样一对父母，他们希望自己的宝宝能够早早识字，赢在起跑线上，于是买很多教辅书，研究怎样提高小宝贝的识字能力。

如果盲目相信教育书籍的内容，那绝对是得不偿失的。教宝宝识字，要懂得因材施教，看看宝宝喜欢什么、对什么感兴趣，然后再从宝宝感兴趣的方面下手。

教育者多年研究发现，让孩子识字最好的方法就是给他们制作识字卡片。宝宝识字时，父母要先教单字，再教词语、句子。在宝宝认识几百个字之后，就可以试着教他进行简单的阅读。宝宝年纪越小，学习能力就越强。

值得注意的是，在教宝宝识字时，父母要保持一个积极的态度，并且要想办法让宝宝主动地学习。

西尔斯支招DIY

父母在教宝宝识字时，可以针对宝宝的年龄特征来培养宝宝识字的兴趣。比如，可以用各种游戏来吸引宝宝，这样宝宝在识字过程中就能获得很多快乐。下面给父母介绍几种易学的游戏：

1.捉迷藏

父母可以制作一些识字的卡片，然后把字卡藏到容易寻找的地方，宝宝找到了，就教他读一读，千万别忘了要表扬一下他。

2.表情识字

宝宝的表情是非常丰富的。父母在教宝宝认识一些字时，要伴有脸部的表情。如教"笑"字，要带动宝宝一起笑。父母夸张的动作和表情可以加深宝宝对字词的识记。

3.吃出学问

宝宝在吃东西时，一般会处于放松的状态，这个时候父母一定要抓住机会，将宝宝看到的食物名称告诉宝宝，让宝宝在完全放松的情况下记住更多的字。

4.故事识字

宝宝都喜欢听故事，父母在给孩子讲故事时，要与他们一起看书。等故事讲完后，带着宝宝一起读读简单的字，这样就可以学习到新的字，也可以让宝宝对故事有一个更深的印象。

西尔斯小语

教宝宝识字的过程是非常美好的。每个宝宝都有自己的想法，父母要懂得如何让宝宝学习识字，这不只是学习书中的知识，也是父母和宝宝相处的经验。

爸妈私房话

让宝宝与你更亲密

> 两岁左右的宝宝正处于运用语言的敏感期。多数宝宝已经基本掌握了语言的发音，而且认为语言是一种很神奇的符号，有许多种表达形式，可以是大声喊，也可以是两个人之间的私密对话。
>
> ——西尔斯名言

阅读时间：30分钟　　受益指数：★★★★★

第三章　走向独立，勇敢迈出第一步（1～3岁）

跟宝宝说说悄悄话

在宝宝成长的不同阶段，会出现不同的行为。仔细观察宝宝的一举一动，就会发现两岁左右的宝宝经常会凑到父母耳旁说些悄悄话，还问父母是否听到，这说明宝宝到了语言的敏感期。这时妈妈应抓住这个敏感期，帮助宝宝提升语言能力。

故事的天空

两岁半的欧德在父母眼中是一个十分淘气的孩子，亲戚朋友经常说欧德人小鬼大，主意多，活脱脱一个小机灵鬼儿。

最近，细心的妈妈突然发现欧德多了一个说悄悄话的"爱好"。他时不时地就会跑到妈妈身边对着妈妈的耳朵说一些悄悄话，然后问："你听见了吗？"如果妈妈摇头，他就会重复刚才的动作，一直到妈妈说"听见了"为止。有时候还会突然大喊："妈妈，你过来，我跟你说……"妈妈走过去之后，欧德便举起小手半捂着嘴巴靠近妈妈的耳朵，说起了只有他自己明白的悄悄话。

有一天，欧德对妈妈说完悄悄话后，又问妈妈听见没，妈妈因为工作上的事情正烦心，对欧德大声说道："大声说，你究竟是要表达什么，大男孩为什么要像女孩一样说话那么小声呢？"欧德顿时不高兴了，撅起小嘴，坐在沙发的角落里，接下来不管妈妈再怎么问他，他都不愿意再说了。

宋姐爱心课堂

"悄悄话"是两岁多的宝宝探索语言的一种形式。宝宝突然变得神秘起来，经常与父母说一些悄悄话的时候，父母一开始会因为很新奇、很搞笑而配合孩子，或者故意引逗宝宝到自己耳边说一些悄悄话，有时候也会趴到宝宝的耳边说一些小秘密。但一段时间后，父母就失去了耐心，有时候可能因为自己正在想问题或烦心事，而对宝宝的"悄悄话"表现得不耐烦，冲孩子发火。殊不知，父母这样的行为会给孩子造成不良的影响。父母不要让自己的心情影响到宝宝，要尽量配合宝宝的行为，和宝宝一起感受两个人私密的小空间。

西尔斯支招DIY

父母要了解宝宝不同时间段的心理特点，用他喜欢的方式进行交流，这样才有助于提高宝宝的语言能力。

1.耐心倾听孩子的悄悄话

悄悄话可以增进父母和孩子之间的感情，如果宝宝很神秘地趴在父母耳边说悄悄话，父母一定要表现出愿意倾听的姿势和表情。当宝宝问父母是否听见时，父母要微笑点头，表示听见了。如果没听见，父母可以提出建议，告诉宝宝稍微大点声，鼓励宝宝重新说一遍。有时，宝宝根本不发音，只是嘴巴在动，这时，父母可以根据情景猜测孩子的意思。

2.和孩子一起使用耳语交流

悄悄话不仅对宝宝智力的发展有促进作用，还可以激发想象力和提高注意力。因此，父母可以配合着宝宝使用耳语交流。比如，在一些公共场合宝宝闹情绪或者不听话时，父母可以通过与宝宝说悄悄话的方式来转移他的注意力。

3.不要让耳语成为孩子习惯性的表达方式

有些宝宝说悄悄话是因为不敢在陌生人或者公众场合说话，遇到这样的情况，父母就必须注意了，是不是自己平时对宝宝太凶了或者太严肃了。作为父母，应该尝试着为宝宝营造一个健康舒适的心理氛围，鼓励宝宝大声说话。

西尔斯小语 ♡

当宝宝趴在妈妈耳旁窃窃私语时，妈妈们不要置之不理，不要责骂宝宝，当然，也不能让耳语成为宝宝惯用的表达方式。妈妈应把握好尺度，让宝宝的耳语成为增进你们之间感情的一种方式，同时引导宝宝大大方方地与别人交流。

爸 妈 私 房 话

读书对宝宝来说特别重要，不仅可以帮助宝宝积累词汇量、刺激他的想象力发展，还能增强他的语言沟通能力。

——西尔斯名言

阅读时间：30分钟　　**受益指数**：★★★★

陪宝宝一起阅读

宝宝在没有识字之前是不具备独自阅读能力的，所以，他们不喜欢看书。这时，就需要妈妈们与宝宝一起阅读，培养宝宝爱读书的习惯。与宝宝一起阅读可以帮助宝宝提高阅读能力、增强理解力。

故事的天空

两岁的卡迪是一个顽皮的小孩，每天只有在他睡觉的时候家里才可以保持片刻的安静。最重要的是，卡迪每天都会把家里弄得乱七八糟，玩具、板凳、椅子摆一地，搞得鸡飞狗跳，这可真是愁坏了妈妈。

妈妈认为应该让卡迪安静下来，否则上学后会影响他的学习。

想到学习，卡迪妈妈有办法了，她特意去书店给卡迪买了很多幼儿读物。结果卡迪只看了两天就丢在了一边，继续翻箱倒柜，还把书都撕破了。

但是最近不知道怎么了，卡迪似乎安静了许多，这让妈

妈十分好奇。原来，是奶奶的功劳。因为最近一段时间，奶奶每天都陪卡迪一起阅读，教卡迪认识一些日常生活用品。奶奶说，她每天都会带着卡迪去花园读书，每次卡迪都看得很认真，也很乐意与奶奶一起看书，有时候，还会主动拿着书来找奶奶呢。妈妈终于明白了，从此她改变了教育方式，成为了卡迪的"书童"。

宋姐爱心课堂

一句平常的话，一本有哲理的书，一份好报，或许能够改变一个宝宝的一生。在宝宝的成长过程中，需要父母的细心教导，同时还需要更多智者的启迪。所以，在宝宝有了一定的阅读能力时，父母要陪宝宝一起阅读，引导宝宝喜欢上阅读。

陪宝宝一起阅读，很快你就会发现他也喜欢上了阅读。很多父母经常会说自己为宝宝买了各种各样的书，有故事书、图画书等，宝宝只看一眼就丢到了一边。但是父母有没有想过，宝宝这么小，书作为一个新鲜的事物出现在宝宝面前时，宝宝为什么提不起兴趣呢？而电视等却看得津津有味呢？

因为，这个时期的宝宝虽然具备了一定的阅读能力，但他还不具备自己拿书阅读的能力。他们之所以喜欢电视，就是因为电视能够发出声音，即使宝宝听不懂这些话，但语言的魅力已经足够吸引宝宝了。如果父母坐下来一起和宝宝阅读，使他们了解书中图画的意思，他们就会喜欢上阅读。爸爸妈妈陪着宝宝读书的同时，也要试着走进宝宝的世界，与宝宝进行情感上的交流，从而增进亲子关系。

西尔斯支招DIY

有了陪宝宝一起阅读的意识后，该选择什么样的书与宝宝一起阅读，又该如何陪宝宝读好书呢？

1.选择适合宝宝的读物

现在的父母越来越注重早教，如今的书店里，关于婴幼儿的书特别多，很多父母都不知道该选择什么样的书给宝宝看。其实，这主要取决于父母想让宝宝学到什么，父母的需求是什么。在给宝宝选好书后，要大致翻看一下，看是否适合自己的宝宝阅读，然后让宝宝从中选择一本。

2.适当合理地向宝宝推荐读物

让宝宝自己选择喜欢的书的同时,也别忘记适时地向宝宝推荐一些好的读物。在现在这个时代,电视、电脑已经成了每个家庭的生活必需品,而这些正好是宝宝阅读兴趣的巨大阻碍。父母一定要从宝宝的角度考虑,为宝宝推荐、选择适合他们的读物,使宝宝对这些书感兴趣,让阅读在宝宝心中占据一席之地。

3.从宝宝的角度去看待宝宝的读物

很多父母因工作忙、没时间,不能陪宝宝阅读。还有些父母认为宝宝什么都不懂,陪他们一起阅读很累、很无聊……其实,父母应该摆正心态,从宝宝的角度看待那些书籍,从自己做起,试着让自己慢慢喜欢上那些读物。渐渐地你就会发现在每次与宝宝一起阅读时,宝宝都会非常开心。

西尔斯小语 ♡

给宝宝选择读物的时候,千万不能选择那些描述暴力和凄惨生活故事的书,当然更不能讲给宝宝听。陪宝宝读书时,可以把书中的内容与现实生活进行对照,这样不仅能提高宝宝的阅读兴趣,而且还会加深宝宝对书中内容的理解和记忆。

父母每次想要把孩子从他专心的事情上拉开时，都需要讲究技巧。其实，只要父母对孩子正在做的事情表示出兴趣，孩子就会在父母的肯定中感受到成就感，就会心甘情愿地配合父母。

——西尔斯名言

阅读时间：25分钟　　受益指数：★★★★★

宝宝，你爱爸爸妈妈吗

由于孩子还太小，生活方面也做不到自理，需要父母的料理，而每次父母让孩子去吃饭、洗澡、睡觉时，孩子总会向父母提出很多的问题或者是直接给父母一个否定的回答，每次父母都要回答很多问题，还要为他们讲很多的道理，为此，父母们感到很头疼。

故事的天空

妞妞3岁了，她的爸爸是一位责任心很强的父亲，每次让女儿做一件事都会先征求女儿的意见，如果女儿反对，他就会不停地解释，女儿便会提出更多的问题。一天，妞妞正在津津有味地看动画片，这时候爸爸走过来了，说道："现在我给你穿上衣服，好吗？"妞妞的注意力全放在动画片上，拒绝道："不！"

爸爸解释说："我们要出去呼吸一下新鲜空气，好吗？"

妞妞对爸爸每次在她看动画片时的突然出现感到厌烦，她表现得很不耐烦，说道："我不想出去。"

父亲解释道："呼吸新鲜空气能够增强你的身体抵抗力，这样你就不会生病了。"

妞妞问道："为什么？"接着她又问了许多问题。虽然妞妞的父亲耐心回答了妞妞的问题，但是并没有让妞妞满意。父亲没有给妞妞安全感，导致妞妞不愿意与人合作。

宋姐爱心课堂

西尔斯曾经说过，父母最好不要让孩子有太多的选择。比如吃饭的时间到了，有的父母会先问一句："你想吃饭吗？"如果孩子正在堆积木，那么他的回答大都是否定的，这时候父母就会向孩子解释一大堆道理，要按时吃饭才能长大，不吃饭会生病，生病了要打针等。刚开始孩子能听进去，但是时间久了，孩子会产生逆反心理，父母又要想出更多的理由来说服孩子。其实，父母可以直接来到正在玩耍的孩子面前和他聊天，告诉他，他堆的积木真好看，孩子在得到父母的肯定后就会愿意听父母的话。

当然父母更不能简单粗暴地对待孩子，要让孩子听父母的话还是需要讲究策略的。比如孩子正在玩一只可爱的玩具狗，但是现在睡觉的时间到了，父母可以对孩子说："把狗放到床上，陪你一起睡觉吧！"父母对他正在做的事情表示肯定、感兴趣，孩子就会愿意配合父母。如果父母生硬地让孩子把狗放下，去睡觉，孩子就会感到委屈，和父母产生对抗情绪。

孩子的注意力随着年龄的增长越来越集中，所以父母更不要轻易打断孩子正在做的事，可以给孩子一些时间让他从专注的事情上转移到父母想要他做的事情上。如果孩子正在玩玩具火车，父母可以对他说："终点站就要到了吧，火车要好好休息了，你也去睡觉吧！"然后给孩子一点儿时间。

西尔斯支招DIY

孩子的不配合让很多父母感到无可奈何，认为孩子故意和自己作对，实际上这只是父母一厢情愿的想法。父母爱孩子，孩子也爱父母。父母一定要从孩子的角度考虑对待孩子的方式是否正确。

1.让孩子懂得自己的权利

孩子虽然小,但也有自己的权利,如果父母让孩子明白这一点,孩子就会更喜欢父母。不要对孩子太苛责,这样孩子会觉得自己一无是处;也不要太宠溺孩子,一旦他们离开家庭,就会发现没有人再宠着他。

2.不要对孩子警告太多

孩子被警告太多会变得焦虑不安,对任何事情都持怀疑态度,没有自信。特别是对1~3岁的孩子影响很大,父母的警告会传递很多坏消息,孩子变得什么都不敢做,什么都不愿意做。

3.父母要多些时间陪伴孩子

很多年轻的父母工作压力大,没有时间照看孩子,而是将孩子留给老人照顾。为了补偿孩子,他们会给孩子买一堆玩具,但是玩具太多会影响孩子的认知能力,并不能让孩子更好地成长。父母还是要多抽出时间陪伴孩子,与孩子一起游戏、阅读。

4.倾听孩子说话

许多父母喜欢对孩子滔滔不绝地灌输自己的想法,但是却几乎不听孩子说话,时间久了,孩子就再也不想和父母说出心声了。所以父母和孩子进行沟通时,应该给孩子诉说的空间,让孩子说出自己的心里话。

西尔斯小语

父母与孩子好好相处,实际上就是在培养孩子与他人相处的能力。父母做孩子的朋友,孩子将心中的秘密告诉父母,父母就要遵守诺言替他保密。要让孩子知道,无论在什么时候、什么情况下,父母都会支持他。

让宝宝有展示自己另一面的机会。

——西尔斯名言

阅读时间：25分钟　　受益指数：★★★★

让宝宝学会介绍自己

1~3岁的宝宝已经渐渐地理解了一些词语和短语，这时父母应该试着让宝宝多表达，从而不断增强自我意识。而最简单的就是介绍自己，宝宝学会自我介绍是厘清人物关系、锻炼情商的关键。

故事的天空

比尔已经两岁了，却还是一个连自己的名字都说不清楚的小男孩。可是，依照妈妈为小比尔定制的幼儿成长单，比尔这个年龄段应该已经会简单的自我介绍了。比如说：我叫什么名字，我的爸爸妈妈是谁，我的爱好是什么……

可是，小比尔现在连说出自己的名字都有些费劲。

小比尔的妈妈为此很着急。每天，比尔的妈妈都会教小比尔进行自我介绍："我叫比尔，我今年两岁了，我家里有爸爸妈妈，我惹妈妈生气的时候，妈妈会叫我比尔；妈妈被我逗笑的时候，会叫我宝贝。"

比尔妈妈发现自己似乎一直在做无用功，因为儿子根本没有一点儿进步。

一天，隔壁家的孩子与比尔一起在公园玩耍，有阿姨让那个孩子

自我介绍一下，那孩子说得有条不紊，很是利落。等那孩子自我介绍之后，阿姨又让小比尔也自我介绍一下。比尔的妈妈刚要推辞，就听到小比尔慢慢地说："我叫比尔，我今年两岁了，我家里有爸爸妈妈，我喜欢小猫，喜欢吃汉堡……"

天啊！这个内向的孩子终于能够介绍自己了。

宋姐爱心课堂

比尔的妈妈每天都在教小比尔做自我介绍，功夫不负有心人，小比尔终于可以完整地说出这些东西了。

其实，每个宝宝在认识一些单字生词之后，父母都应该教授宝宝进行自我介绍，哪怕是最简单的。就算宝宝和小比尔一样，内向不爱表达，但他也应该能完整地说出自己的情况。

另外，不同年龄段的宝宝应该有不同的自我介绍。1~3岁宝宝进行自我介绍的对象可以是家人、邻居或者是小伙伴，这都是很简单的。如果是3岁以上的宝宝，父母就要为他们增加难度，比如要说出爸爸妈妈的工作、喜欢什么等。

别为孩子难以启齿的介绍开脱。西尔斯认为，纵观人的一生，表现欲最强的时间就是10岁以前，所以父母要在宝宝会表达词、句时耐心地教导，让他们充分地表现自己，增强自我意识，提高对词语的理解力，懂得使用句子。

西尔斯支招DIY

宝宝能够说出父母教的自我介绍固然好，但如果能够让宝宝自己根据名字、喜好编一个介绍说给大家听，那就更完美了。那么，如何教导宝宝学会介绍自己呢？

1.父母教导

宝宝的自我介绍需要父母的教导。幼儿时期的宝宝，做任何事情都需要父母的帮助。父母要经常告诉宝宝"我"叫什么名字，家里有什么人，爸爸妈妈是谁……不要不耐烦，这是孩子成长过程中很重要的一步。

2.镜子练习

当宝宝会说一点儿自我介绍之后，就可以对着镜子进行自我练习。镜子里的人像，也会和宝宝进行"沟通交流"，小孩子都很喜欢这个游戏的。

3.实践训练

宝宝学会了，也练习完了之后，爸爸妈妈就可以带宝宝去人多的地方试试身手啦。宝宝当着很多陌生人的面，难免会害羞或害怕，这时父母可以多鼓励宝宝，让他勇敢去做。慢慢地，宝宝就可以大大方方地自我介绍了。

西尔斯小语 ♡

宝宝能够自我介绍之后，会展现出不一样的一面。进行自我介绍能帮助宝宝增加自我意识，完善语言的组织能力，加深对生字词的印象，这些都是自我介绍的好处。

爸 妈 私 房 话

第四章

迈进幼儿园，宝宝要独自飞翔（3～6岁）

　　这个时期的宝宝逐渐开始离开父母的怀抱，走进幼儿园，进入集体生活。与此同时，孩子的性格也进入了发展"迅猛期"，同时还会出现诸多父母始料未及的问题。解决孩子带来的种种麻烦，成了家长的头等大事。

玩是宝宝的天性

在宝宝创造的过程中，脏东西也是一种玩具。

——西尔斯

阅读时间：30分钟　　受益指数：★★★★★

脏东西更有吸引力

玩是人的天性，通常情况下孩子们喜欢玩的东西都是一些脏的、危险的东西。当然他们也经常会遭到父母的制止，然后听父母讲很多的大道理，不过他们对于这些大道理并不会过多重视，看到地上的小瓶子、小盖子，他们依然会捡起来。

故事的天空

杰克妈妈趁双休日的时间，想把家里彻底地打扫一下。她将那些收拾出来的没用的东西随手扔到客厅的地上，准备收拾完卧室之后再处理。

可是，等杰克妈妈收拾好卧室准备整理扔到客厅的东西时，却发现其中很大一部分不见了。杰克妈妈四处看了看，终于找到了罪魁祸首。原来"偷"这些东西的正是自己刚满4岁的儿子。小家伙趁她不注意的时候，将这些东西偷偷拿到了自己的房间，并且藏起来了。

当杰克妈妈好奇地打开儿子的储物抽屉时，发现全是一些"垃圾"，有糖纸、塑料空瓶、牙膏盒、易拉罐，还有破损的包装纸、五颜六色的吸管等。

眼前这一幕，让杰克妈妈顿时目瞪口呆。杰克妈妈也终于明白了，家里曾经扔掉的很多的废旧物品都被儿子悄悄地带回了他的房间。不过她可不想让儿子的房间变成一个垃圾场，于是这次她准备违背一下自己通常的做法，想要在没有征求儿子同意的情况下,将这些杂物清理掉。可是没想到杰克妈妈正准备执行的时候,却被儿子逮了个正着。儿子大叫着不肯丢掉这些东西,杰克妈妈也开始无奈起来。

宋姐爱心课堂

其实,并不是只有故事中的杰克喜欢收集一些废旧物品,我们周围很多孩子都跟杰克一样,喜欢将各种废旧物品当成自己的玩具。几乎每个家长都有这样的经历吧,孩子小时候出去玩,总是对地上的一些东西非常感兴趣,一般都是先捡起来再说。而家长总会极力地制止他们,认为那些东西太脏了,让孩子立即扔掉,最后弄得孩子哭得稀里哗啦,大人也跟着心情不好。

父母担心孩子的身体健康让孩子扔掉脏东西是可以理解的。但是为什么所有的孩子都喜欢把"破烂"当作"宝贝"呢?西尔斯曾说过"脏东西"是孩子创造力发展的需要,也是孩子认知过程的需要。这些在父母眼中是"破烂"的东西,其实有利于孩子的思维和创造力的发展。

孩子眼中的物品没有贵贱高低之分,只有喜欢与不喜欢。父母不能用自己的想法替孩子做主。很多时候,父母眼中的"垃圾"比那些高级玩具更能激发孩子的兴趣。此外,孩子喜欢"脏东西"可以说明孩子是在用心观察生活、发现生活,他收集这些东西说明他热爱生活。因此,家长应该好好保护孩子的收集热情,别把孩子的热情在萌芽阶段就给扼杀了。

西尔斯支招DIY

父母不仅要做到不禁止孩子玩"脏东西",还要懂得该怎样做才能让孩子健康地成长。

1. 家长要有同理心

当孩子玩脏东西时，父母不要一味地制止孩子，或是自作主张将孩子的"宝贝"扔掉。孩子郑重守护自己的"宝贝"时，更不要采用武力的形式制止孩子，而应该认可孩子的这种行为。看看现在的孩子，尤其是那些生活在大城市，住在高楼大厦中的孩子，既不能上树抓鸟，又不能下河摸鱼，面这种单调的生活，家长更应该理解、支持孩子的这些行为。如果孩子在幼年时期就经常遭到限制和否定，对孩子将来的发展会有很大影响，会让孩子失去自信心。

2. 保证"脏东西"对孩子安全无害

虽然说家长应鼓励孩子收集"破烂"，但是孩子毕竟小，家长一定要注意孩子收集的物品是否会给孩子带来安全隐患。孩子的认知能力非常有限，不能识别物品是否存在安全隐患，所以，家长要确保孩子的安全。同时，家长在肯定孩子收集热情的前提下，应该告诉孩子一些物品的正确使用方法。比如，塑料袋不能套在头上以防窒息，小颗粒的东西不能放入嘴里以防伤害身体，等等。

3. 引导孩子游戏

孩子在玩这些"破烂"时，如果家长能够参与其中，不仅会增添乐趣，还能增进亲子感情。比如，孩子收集了很多的树叶，家长可以和孩子按照树叶的不同形状进行分类，然后引导孩子为这些不同的树叶命名，由父母来书写。这样既可以引导孩子动脑筋，还可以让孩子从中获得乐趣。

西尔斯小语 ♡

妈妈们总希望宝宝干净漂亮，总是制止宝宝玩那些所谓的"垃圾"。其实，妈妈应考虑宝宝为什么喜欢这些"垃圾"，应了解宝宝的好奇心。这些在父母眼中的"垃圾"，在宝宝看来却是很好的玩具，父母应该在确保对宝宝没有伤害的情况下，给予宝宝选择玩具的自由。

> 孩子成长的过程就是一个不断探索、不断发现自我的过程。
> ——西尔斯名言

阅读时间： 30分钟　　**受益指数：** ★★★★

第四章　迈进幼儿园，宝宝要独自飞翔（3～6岁）

"勇攀高峰"的宝宝很卖力

随着年龄的增长，孩子长了不少的本领。他们开始对高处的东西感兴趣了。攀高既满足了他们探索的欲望，也锻炼了身体。但是他们攀高时难免会摔着碰着，甚至会出现更危险的情况，这也是每个父母都很担心的问题。

故事的天空

3岁半的维特是一个调皮捣蛋的孩子，邻居们都称他为"小猴子"。的确，只要有他在的地方，就不可能安静。

近来，维特又喜欢上了"攀高"，家中的饭桌、沙发靠背、床上的栏杆等，在他眼中就像一座大山，充满了无限的吸引力。他总是毫不犹豫地把小脚迈上去，最后站在上面感受高处的美好。

有一天，维特爸爸看见儿子搬着小板凳进了书房，于是就跟在维特后面，看看儿子究竟要干什么。结果维特爬上了书柜，看那架势，这只机灵的"小猴子"竟然想要通过书柜爬上阁楼。看着儿子做出如此危险的动作，爸爸真担心儿子一个不小心摔下来，于是

赶紧跑了过去，一边把维特抱下来，一边喊着："维特，你这样做太危险了，以后不能爬这么高。"

可是维特似乎并没有把爸爸的话放在心上，他撇了撇嘴，眼睛往上瞄了瞄，准备等大人不注意的时候继续自己的"攀高"征程。

宋姐爱心课堂

与故事中的小维特一样，每个孩子在一个特定的时间段都会对攀高充满热情。孩子之所以对攀高有着浓厚的兴趣，是因为在他们幼小的心里，认为攀高可以证明自己的存在。3岁左右的孩子对任何东西都有着强烈的好奇心，而攀高恰好能够满足他们的好奇心，也能够让他们探索到自己视线之外的世界，同时还能让他们向父母证明自己的存在和勇敢，从而得到父母的赞扬。

攀高也说明孩子对自己生活的空间有了立体感，他们已经具备了一定的空间感知能力。攀高不仅能让他们感受空间的大小，而且还能让他们用自己的皮肤、肌肉等来感知这个空间。

有时候，孩子之所以喜欢攀高，是因为他看到大人们曾有过这些动作。比如，家里的灯坏了，爸爸爬上梯子或借助椅子之类的东西修理，孩子就很好奇，爸爸是怎么够到电灯的呢？站那么高是不是很好啊？他们攀高既是出于好奇心，也是想与大人"平起平坐"。

在我们生活中，每当孩子往高处爬时，会说"别摔下来了"的家长真的很多。孩子成长的过程中，多数家长会阻止、反对孩子的一些行为。比如，孩子一去抓杯子就说"别烫着了"；孩子往马路中间跑就会说"危险"。其实这样的行为不仅不能保证孩子的安全，而且还可能会给孩子带来巨大的伤害。

西尔斯支招DIY

很显然，孩子爱爬高的天性是每个父母都发愁的一件事。既然制止不了孩子爬高，那么，在孩子成长的道路上，父母又该如何做呢？怎样做才能让孩子的成长过程更顺利、更有收获呢？

1. 满足孩子爬高欲望

作为父母，既要满足孩子爬高的欲望，又要保证孩子的安全。比如说，在双休日家长可以带着孩子去游乐园玩滑梯或其他娱乐项目，满足一下孩子爬高的欲望。或者利用小长假，带孩子到户外踏踏青、登登高，既能让孩子观赏到美丽的风景，又满足了他们爬高的心理，同时也锻炼了身体，可谓是一举多得。但父母千万要记得，在孩子试图爬高的时候，一定要告诫他们这样做可能导致的后果。

2. 鼓励、帮助孩子

父母不要总是对孩子说"小心""注意安全""这不行""不对不对"之类的话，而是应该在保证孩子安全的前提下，及时地给予孩子鼓励，帮助孩子探索这个全新的世界。西尔斯说过："孩子成长的过程就是一个不断探索、不断发现自我的过程。"所以作为家长，应该尽可能地鼓励、帮助孩子。

3. 仔细观察孩子

如果家长发现孩子经常在同一个地方爬上爬下，那就要注意孩子是不是在寻找什么东西，或者有什么吸引他的东西。比如，孩子总是搬着小板凳去爬书架，家长就应该细心观察，看孩子是不是想够书架上的影碟或是其他东西，如果是的话，家长要把孩子喜欢的东西放到书架的下层便于他们拿取。

家长细心观察孩子的行为，并富有智慧地教导孩子，可以让孩子在成长过程中多留存一份童真，多积蓄一点阳光。

西尔斯小语 ♡

面对宝宝的攀高行为，妈妈们总是唉声叹气。其实，妈妈们应向爸爸学习，在宝宝攀高这件事情上通常爸爸做得很好，他们通常采取的态度是：不去制止、不去帮忙，站在一旁仔细观察，发现危险情况时马上出击。这样既保证了宝宝的安全，又满足了宝宝攀高的欲望。

模仿是孩子的天性之一，孩子最初的知识大部分是从模仿中获得的，而孩子的部分性格也是在模仿中形成的。

——西尔斯名言

阅读时间：25分钟　　**受益指数：**★★★★★

别开生面的宝宝"模仿秀"

孩子出生后对这个世界充满了好奇。看着整天忙碌的爸爸妈妈，他们急切地想要融入其中，想像爸爸妈妈一样。于是，他们开始模仿爸爸妈妈的一言一行来满足自己幼小的好奇心。在不断地模仿中，他们学到了很多，懂得了很多。

故事的天空

4岁的巴特很喜欢接电话，只要家里电话一响，不管他在做什么，都会立即跑去接电话，后来就成了家里的专职"接线员"。

有一次，巴特妈妈给巴特爸爸打电话，巴特就跑过来凑在电话的听筒旁，吵着嚷着要从妈妈手中抢听筒。

于是，妈妈就把听筒放在巴特的耳旁。巴特就学着妈妈平常接电话的样子"喂"了一声，之后就不再说话了，妈妈便在旁边对巴特说："叫爸

爸。"可是无论妈妈怎么说，巴特就是不肯叫。

后来，妈妈发现巴特经常会拿起电话自己在那里嘀咕，也不管哪头是听筒哪头是话筒。

有一次，电话铃声一响，巴特就跑到电话机旁，拿起听筒说道："喂，你好！请问你找谁？好的，再见！"

他接电话的整个过程没有一点儿停顿，估计对方都没开口，巴特就把电话挂断了。

再后来，巴特喜欢按电话上的键盘，开始妈妈也没有太在意。但是月底缴纳电话费时，却发现电话费比以往高出很多。原来是巴特最近按的电话都拨通了，有些还是国际长途。

宋姐爱心课堂

像故事中的巴特一样，现在的很多小孩都喜欢模仿大人接电话。其实，对于一个三四岁的孩子来说，当他们发现家中一直摆放的电话居然可以发出声音，而且只要电话一响，大人就拿起听筒说"喂，你好！请问你找谁""好的，再见"之类的一些话。这让孩子们十分好奇。

最初，孩子只是通过看和听来满足他们的好奇心。慢慢地，他们就会模仿大人的语言和姿势，然后自己试着去拨打和接听电话。日常生活中，只要仔细观察，就会发现孩子十分喜欢模仿大人说话、做事，所以西尔斯总是提醒家长们在孩子面前一定要注意自己的言行，要给孩子正面的影响。

孩子在接电话的时候不懂得其中的基本过程和礼节，常常会闹出一些让人忍俊不禁的笑话，但是通过电话这种小型机器进行交流的方式却让孩子产生了极大的好奇心，吸引孩子去尝试。孩子在不断尝试的过程中逐渐丰富了自己的语言，同时也提高了自己认识数字的能力，开发了自己的记忆能力，锻炼了自己的交流能力。

西尔斯支招DIY

对于孩子模仿大人这件事，父母应该如何对待呢？

1. 提供良好的"模仿环境"，树立最佳的模仿对象

从孩子出生的那一天起，他就开始模仿身边的人。幼小的孩子还不具备辨别事物的能力，所以只要是出现在他视线里的，他都会去模仿。所以，父母们一定要为孩子提供一个良好的"模仿环境"，努力成为孩子的最佳模仿对象。比如，父母常常"你好""谢谢""再见"不离口，那么孩子自然也会学着这样做。因此，父母要注意自己的言行举止，在孩子面前尽量展现一些好习惯。

2. 向孩子传授基本的电话用语

家长可以教给孩子一些基本的电话用语，让孩子来负责接家里的电话，以满足孩子的好奇心。比如，接电话的时候，首先要礼貌地问对方："喂，您好，请问您找谁？"当孩子掌握了这些基本的电话礼仪时，就可以让孩子试着接听电话。

3. 鼓励孩子参与你的对话

如果家长正在打电话，孩子抢着要电话时，你也可以试着让孩子来接，让他参与到你的谈话中，并鼓励孩子对着电话说话，让孩子亲身感受一下这个神奇的机器所发的声音。如果看到孩子拿起电话听筒，按电话键盘时，家长可以趁机告诉孩子这个神奇机器为什么会有声音，并教给他如何拨号、接听等。

4. 引导孩子认识数字

教孩子如何打电话的时候，家长还可以教孩子认识数字。留给孩子一个电话号码，然后让孩子自己打。这样既可以锻炼孩子的记忆力，又可以锻炼孩子认识数字的能力。

西尔斯小语 ♡

电话已经成了现在生活中的必需品，也是一种常见的人与人交流的方式。家长不能忽视它对培养孩子快乐、健康成长的重要性。尤其是孩子对电话产生浓厚兴趣的时候，家长更应该满足孩子对电话的好奇心，并给予他们适当的引导。

孩子破坏的过程，其实就是孩子学习与探索的一种表现。

——西尔斯名言

阅读时间：25分钟　　**受益指数：**★★★★★

灵巧的小手爱搞破坏

随着孩子思维的发展，他们对周围的一切都充满了疑问。他们每天都会提出很多的问题，当有些问题得不到爸爸妈妈的解答时，他们就会用自己灵巧的小手去想办法解决心中的疑问。能拆的拆开，不能拆的摔碎，他们总要研究个所以然才罢休。

故事的天空

对于4岁的贝鲁奇来说，他最喜欢的玩具就是各种各样的汽车了，所以爸爸妈妈、爷爷奶奶给他买的玩具也都是汽车。可是，无论多么棒的汽车玩具，到了贝鲁奇的手中，最终都会散架。贝鲁奇每次都会将新买的汽车玩具进行"解剖分析"，最后只剩下被拆得乱七八糟的汽车"遗体"。

看到儿子的做法，贝鲁奇的爸爸妈妈认为这是孩子应有的好奇心。虽然很无奈，但是他们认为孩子长大了就不会这样了，所以对于儿子对汽车的"解剖行为"，爸爸妈妈采取了默许的态度。

可是，随着贝鲁奇一点点长大，这个拆东西的习惯并没改掉，反而变得越来越严重。有一次，他居然把家里的塑料

桶拿到阳台上用锯条锯开了；还有一次，趁父母不在家的时候，小家伙偷偷拆下了电脑上的低音炮，拆不开的部分也被他用榔头砸开了……爸爸妈妈对贝鲁奇的行为感到十分无奈，儿子的这个"老毛病"该怎么改呢？

宋姐爱心课堂

像故事中的贝鲁奇一样，很多孩子都会以拆东西为乐趣，而很多家长都有过帮助孩子为他的"破坏行为"进行"破镜重圆"的经历。但有些时候，家长也会抱怨孩子为何是一个破坏狂。那么，为什么东西一到孩子的手上就会立刻变成废品，难道孩子天生就是破坏狂吗？

其实，家长们不用担心，从儿童心理发展的过程来看，孩子喜欢拆一些自己感兴趣的东西，是孩子学习与探索的一种表现。他们并不是要故意破坏一个东西，他们只是对那些东西充满了好奇。为什么小汽车会跑？小飞机会飞？一个小小音响会说话？于是，他们就想拆开看看里边到底有什么让它们有这样那样的功能。这些都是孩子的好奇心和求知欲的一种表现，其实对孩子智力的发展是很有利的。

当孩子拆东西的时候，家长不要训斥或大骂，也不能由孩子随便拆，作为家长应该正确引导孩子的这种好奇心和求知欲。一般来说，爱拆玩具的孩子，总会提出一些比较奇特的问题，家长要重视孩子的提问。

在正确地引导孩子的这种求知欲的同时，家长还应该适时地指出孩子的错误。

总之，对于孩子的"破坏性行为"，家长一方面要鼓励和保护，另一方面要对他们的行为给予认真的分析，以便因势利导地进行教育。

西尔斯支招DIY

"拆东西"是孩子成长过程中的一个必经阶段，是一种正常的行为，那么，家长该如何面对孩子的"破坏"行为呢？

1. 家长要有宽容的心态

对于孩子的破坏行为，父母也不必太生气。其实这就是孩子学习的过程、成长的必然。面对孩子的"破坏"行为时，父母不必为了保持家里整洁而处处限制孩子的行为，也不必对孩子发脾气或者说一些警告、威胁之类的话。这些话很可能会扼杀孩子探索、寻求新事物的精神，浇灭孩子对新事物的好奇心与兴趣。

2. 家长要参与孩子的"创造过程"

孩子拆东西的过程，其实是手、眼都在活动的一个过程，有利于孩子思维的发展。为了激发孩子的创造力，家长可以适当地鼓励孩子搞一些"破坏"，慢慢地培养孩子对更多事物的探索兴趣。因此，当家长看到孩子拆一些心仪东西的时候，可以试着参与到孩子的活动中，和孩子一起探讨这些汽车为什么会跑、小飞机为什么会飞等问题，引导孩子找到这些问题的答案，并与孩子一同把拆开的物品恢复原样。这样，就能让孩子在"破坏—探究—重建"中获得心理的满足感。

3. 家长要有意识地为孩子创造条件

除了鼓励孩子的"破坏行为"之外，家长还应该有意识地为孩子创造破坏行为的条件。比如，看到皮球一拍就跳得很高，家长可以问"如果把气放了，还能跳那么高吗？"看到闹钟嘀嘀嗒嗒地走，家长可以问"闹钟为什么会响，为什么会走呢？"不过家长提出问题后，还要主动带领孩子从"破坏"中寻找答案，这样才能进一步引发孩子的思考。

西尔斯小语 ♡

面对孩子搞破坏，父母们不应该用消极的态度看待。其实，搞破坏的孩子是懂得思考的孩子，他们是想通过破坏解决自己的疑问。当家长了解了孩子的目的时，面对孩子的小小破坏就不会不知所措了。

孩子在生活用品中不仅能够寻找到快乐，而且还有利于孩子的健康成长，以及智力的发展。

——西尔斯名言

阅读时间：30分钟　　**受益指数**：★★★★★

锅碗瓢盆成了最佳"玩具"

孩子喜欢把厨房的锅碗瓢盆当作玩具，听它们发出的声音，在他们眼里这些玩具要比妈妈买的那些高级玩具更有意思。面对宝宝的这一行为多数妈妈采取了制止的态度，甚至是严厉的训斥。

故事的天空

玛丽这个小姑娘在1岁半的时候，就喜欢厨房里的那些锅碗瓢盆。现在她4岁了，对厨房里这些能发出叮叮当当响声的东西更加情有独钟。

玛丽经常会踮着脚去拿她能够得着的锅盖。每当她牢牢地把锅盖拿在手上的时候，她就会乐呵呵地笑个不停。如果她没拿住，锅盖掉到地上发出了清脆的响声，小姑娘就会立马捡起锅盖，放回原处。就这样，玛丽不停地玩弄锅盖，听锅盖发出的声响，乐此不疲。

有时候，玛丽拿着瓢一玩就是一个小时。不过，当妈妈看到玛丽在厨房玩弄这些锅碗瓢盆时，并不会顾及到她的感受，而是直接把她

给轰出来。玛丽妈妈认为，厨房是一个很危险的地方，像煤气、菜刀等都可能会给孩子带来伤害；再者，她认为家里总应该有一个相对神秘的空间，这样才会让孩子充满探索的兴趣。

后来有一次，玛丽一不小心被锅盖弄伤了手，妈妈看问题不大，就没有管。玛丽哭着向妈妈求救，但是妈妈始终都没有安慰她。妈妈想趁机给玛丽一个教训。

这件事情之后，妈妈的心终于放下来了，玛丽再也没有摸过锅盖，也再不敢轻易踏进厨房了。

宋姐爱心课堂

当三四岁的孩子像故事中的玛丽拿着厨房中的锅碗瓢盆聚精会神地玩耍时，大部分中国家长都会像玛丽妈妈一样，以孩子自由玩耍会弄脏衣服、破坏家里整洁的环境，甚至还会出现危险为由，将孩子拦在厨房之外。

虽然玛丽妈妈的观点有一定道理，但是她不知道孩子不仅爱玩父母买的玩具，还爱玩一些生活用品。其实，在孩子眼里，只要他们能拿得动、搬得起的东西就是玩具，而且他们会不断地重复同一个动作，这也是他们成长过程中获得成长经验的一个必要过程。

事实上，孩子玩锅碗瓢盆有助于孩子认知日常用品的模样、质地和手感，进而观察这些日常用品的用途，体会锅碗瓢盆之间的关系。而且孩子的这些敲打的动作，有利于锻炼他们的协调性，激发他们解决问题的能力。

当然，也有些家长会觉得孩子玩厨房用具会给自己带来很多麻烦。但是，仔细想想，你现在的耐心换来的是孩子以后的身心健康。如果家长怕麻烦、没耐心，把孩子的玩耍看作调皮捣蛋，阻止孩子，那就等于是阻止孩子的思维发展、妨碍孩子的智力发育，最终，只会减慢孩子成长、成熟的脚步。

西尔斯支招DIY

支持孩子玩生活用品，并不是纵容孩子什么东西都玩，而是需要根据孩子的喜好，为他们准备一些生活素材，以满足孩子的成长需求。家长可以和孩子做一些简单的游戏。

1. 筷子敲碗的游戏

首先家长需要给孩子准备几个大小、材质各不相同的碗，再准备一双筷子，然后把碗按照一字在桌子上排开，让孩子随意地敲击。每个碗发出的声音都不相同，于是，家长要引导孩子让孩子发现自己敲击不同碗时会发出不同的声音。之后，可以与孩子一起边哼儿歌，边敲击这几个不同的碗，从而演奏出不同的节奏和韵律，这样的亲子游戏能够训练孩子的韵律感和听觉能力。

但是，家长一定要提醒孩子，吃饭的时候不能做这个游戏，在餐桌上这是一种不礼貌的行为，尤其是在别人家做客的时候。

2. 和孩子打水仗

首先家长要准备两个装满水的盆子，并且让这两个盆子保持一个适当的距离（以孩子年龄、手臂力量的大小而定）；随后，把盆子放到地上，就可以开始打水仗了。这个游戏可以让孩子和小朋友一起玩，也可以家长和孩子玩。当然，这个游戏适合在夏天玩。

3. 和孩子一起洗刷刷

吃完饭之后的洗碗工作，就让孩子来帮忙完成吧！家长可以在厨房里设置一个小阶梯，方便孩子的"地位"提高。让孩子与妈妈一起站在水池边，清洁小餐具，这时候妈妈的动作要尽可能地慢，让宝宝来模仿自己的样子来洗碗：挤洗洁精、用手涂抹碗壁、用清水冲洗。虽然宝宝的动作很笨拙，但是一定要有耐心，这可是宝宝锻炼动手能力、实现自我价值的好机会！

西尔斯小语 ♥

> 其实，玩耍是大自然赋予孩子的一件特殊礼物。孩子刚出生的时候，虽然还不具备说话、走路以及自理的本事，但是大脑却已经具备了归纳、提炼、认知的能力。孩子们这种先天性的智慧只有与自由自在地玩耍相结合，才能使他们健康成长。因此，家长应该给孩子创造一个自由玩耍的环境。

父母要正确理解孩子的行为，并给予适当的支持和引导。

——西尔斯名言

阅读时间：30分钟　　受益指数：★★★★

与马桶成了好朋友

上完厕所之后，按下马桶按钮冲水的声音也能激起孩子的注意力，他们喜欢听这样的流水声，甚至会让马桶成为自己最好的玩伴。每当孩子想起这个玩伴，就会跑到卫生间待上几分钟，这让爸爸妈妈们百思不得其解。

故事的天空

丽莎是一个刚满4岁的孩子，最近父母发现她又多了一个奇怪的爱好，那就是喜欢玩马桶。

一开始，丽莎只是对马桶上的冲水按钮感兴趣。因为她发现每当大人按过那个按钮之后，马桶里就会涌出水，于是她就模仿着大人不停地按那个按钮，听到"哗啦"一声水响，小丫头就会乐呵半天。爸爸妈妈告诉她，这样不停地按会很浪费水的，但是丽莎根本不听，还边玩边乐呵呵地说："真好玩，真好玩！"爸妈没有办法，也就随她去了。

但过了一段时间，妈妈发现丽莎又对水箱感兴趣了。有一次，妈妈看到丽莎踮着脚弄水箱上的盖子，看样子是想把水箱上的盖子取下来。妈妈担心她会打碎，就过去帮忙，但是丽莎坚持不肯，非要自己弄。

无奈之下，妈妈只好让丽莎

第四章　迈进幼儿园，宝宝要独自飞翔（3~6岁）

自己弄了。结果丽莎成功地将水盆中的水倒入了水箱。这个在爸爸妈妈眼中的"小捣蛋",竟然做了一件让爸妈根本不敢相信的事情。

宋姐爱心课堂

在丽莎爸妈的眼里,马桶对于丽莎而言,就是一颗定时炸弹,随时都可能会爆炸。可是,对于一个4岁的孩子而言,马桶就是一个有趣的玩具,他们对这个马桶玩具充满了好奇,想知道这个玩具为什么只要一按那个按钮就会发出"哗啦"的响声,同时还会流出水来。那个水箱里到底装着什么?这些都成了孩子好奇的问题。其实这一切都是儿童发展阶段的一种正常表现,他们的这些行为会随着年龄的增长、教育的约束、社会道德的规范而逐渐减少。

孩子对马桶感兴趣,说明马桶能够满足孩子搞破坏的心理需求。比如,他们随手扔点儿东西到马桶里,然后用力地按一下冲水按钮,就发现自己扔进去的东西不见了。有时候他们使劲按几下冲水按钮也可以发泄他们不高兴的情绪。这些都是孩子们对马桶感兴趣的原因。

西尔斯支招DIY

虽说有很多孩子喜欢玩马桶,但是他们的这一喜好存在的安全隐患也确实让父母们很担忧。那么,面对这些天真无邪的孩子们,大人怎样做才能既不扼杀孩子的童真,又能保证他们的安全呢?

1. 不能控制孩子的玩乐权

父母给予孩子的爱是无条件的,当然这个爱也包括把孩子的玩乐权交给孩子自己。孩子对身边的很多东西都会充满好奇,时刻想要弄清楚这些东西为什么会具有这样那样的特点。比如说马桶,父母不要因为马桶的卫生问题,以及浪费的水能多洗几件衣服就禁止孩子玩马桶,其实,父母的这些想法只会抑制孩子的玩乐权,给孩子的成长带来不良影响。

2. 大人一定要做好监护工作

给孩子玩耍的自由,前提是在不存在安全隐患的条件下。父母给予孩子无条件的爱的同时,也要做好监护工作。比如说,父母可以告诉孩子一些马桶的基本知识,告诉孩子马桶的作用,并不厌其烦地告诉孩子,这里"臭臭""脏脏",一定要远离。再比如,孩子靠近马桶时,父母要有意识地在一旁观察和保护，防止孩子发生一些危险情况。

3. 权威效应让孩子听父母的话

很多孩子都有逆反心理，大人劝他不要玩的东西，他偏要玩，大人不让做的事情，他偏要做。在家长看来，这些孩子脾气倔、不听话。其实这些都是父母在孩子心目中没有树立起权威的缘故。所以，父母还应该有意识地在孩子的心目中树立一定的权威。

西尔斯小语

玩是孩子的权利，父母应给予孩子自由玩耍的权利。同时父母也应履行自己的职责——保护孩子的安全。父母在阻止孩子玩一些具有危险性的东西时，应讲究策略，否则很容易使孩子产生叛逆的心理。

爸妈私房话

家有愤怒的"小天使"

仁爱和打人都先从自己家中开始。

——西尔斯名言

阅读时间：30分钟　　受益指数：★★★★★

宝宝爱欺负小朋友

孩子在5岁左右个性意识开始显现，自我意识增强，随之而来可能是一些负面的态度和行为。这对孩子的健康成长十分不利，父母应该及时给予引导和帮助，让孩子能够正确认识自我，学会控制自己的情绪，不要因为一时激动而伤害自己的同伴。

故事的天空

周五，卡罗爸爸像往常一样到幼儿园去接自己5岁的儿子，但是一进幼儿园，他就看到卡罗正被老师罚站。

卡罗爸爸叹了一口气，看来卡罗又惹事了！卡罗爸爸快步走到了儿子的身边，正准备询问儿子被罚站的原因时，卡罗的班主任走了过来，她认真地把卡罗最近的表现告诉了卡罗爸爸。原来卡罗今天动手打人了，而且这不是卡罗第一次动手打人，仅仅本周就发生了三次。

卡罗爸爸一听儿子又打人了，便十

分生气地看着卡罗。老师看到卡罗爸爸生气的样子，就劝说道："卡罗打别的孩子是不对，但是你也不能用这样的态度对待一个孩子。"

卡罗爸爸点了点头，老师又问道："你是不是平时对卡罗也这么凶？"卡罗爸爸"嗯"了一声。老师接着说道："卡罗打架的原因，与你的教育方法有很大的关系，家长应该多与孩子沟通，知道孩子内心的想法，打骂不是最好的教育方法。"

回家的路上，爸爸问卡罗为什么打人，卡罗干脆地回答说："我看他不顺眼，不喜欢他。"这样的回答让爸爸非常的惊讶。

宋姐爱心课堂

故事中卡罗的解释是不是很不可思议？他愤怒的原因竟然是"我看他不顺眼，不喜欢他"。其实卡罗打人属于一种攻击性行为，美国心理学家威拉德·哈特普认为攻击性行为可以分为工具性攻击和敌意性攻击。工具性攻击一般发生在年龄较小的孩子身上，他们可能为了一件玩具或其他东西，与其他小朋友发生争夺。随着年龄的增长，他们的这种行为会慢慢消失。不过，对于有的孩子来说，这种攻击行为不但不会随着年龄的增长而消失，还会转变为以人为中心的攻击。这种攻击与争抢玩具是完全不同的两种行为，这种行为会对人造成伤害，属于敌意性攻击。故事中卡罗看别人不顺眼，不喜欢他人，就动手打人的行为就属于敌意性攻击。

很显然敌意性攻击要比工具性攻击更恶劣，但是对于像卡罗这个阶段的孩子来说，不管是哪种攻击行为，都不属于品德问题。所以，当孩子表现出这种行为时，家长不要太着急。多和孩子沟通，做正确的引导，孩子的攻击性行为就会逐渐消失。那么，这么小的孩子，为什么会经常有攻击性行为呢？

从儿童心理学的发展角度来看，这是孩子成长过程中的一种必然。两三岁的孩子正是自我意识迅速发展的阶段，自我意识较强。看到自己喜欢的玩具和食物的时候，就会理所当然地认为是属于自己的，他们又不懂得分享，所以就会发生争抢，也就会有打人的现象发生。

西尔斯支招DIY

3岁之前，孩子的攻击性行为可以说是一种正常行为。如果3岁以后，孩子的这种攻击性行为还存在，父母就必须重视了。如果父母发现孩子有攻击性行为，首先要找出原因，然后再有针对性地对孩子进行引导和帮助。

1. 父母要给孩子树立一个好榜样

生活中，父母切记不要在孩子面前与任何人发生争论，遇事一定要沉着冷静，用和平的方式解决问题，给孩子树立一个好榜样。

2. 用爱纠正孩子的错误

孩子做错了事，父母千万不要打骂，因为打骂不仅没有任何效果，反而会在无形中教会孩子使用暴力。如果孩子做错了事，家长要耐心地给孩子讲道理，帮助孩子认识到自己的错误，并告诉他们正确的做法。父母们要明白只有自己的爱才是最有效的"良药"。

3. 引导孩子与他人友好相处

孩子在幼儿时期的交往是以自我为中心，到了三四岁才慢慢产生分享、合作的意识。这时候，就需要父母进行适时恰当的引导，让孩子体验分享与合作的快乐。比如，家里来了朋友并且带着孩子，父母可以让孩子来接待自己的同伴，在这个过程中让孩子学习礼貌待客。然后，告诉孩子，自己拿的是家里最好的茶叶接待客人，问问孩子打算如何接待自己的朋友呢。慢慢地，在父母的引导下，孩子就会主动把家里好吃的、好玩的拿来与小朋友分享。久而久之，孩子就有了分享意识，也能与小朋友友好相处了。

西尔斯小语 ♡

> 父母的行为决定孩子的行为。只有在父母的正确引导、帮助下，孩子才能健康快乐地成长。反之，孩子就很可能会误入歧途，影响到孩子的将来。

"狠话"是孩子最丑的语言。

——西尔斯名言

阅读时间：30分钟　　受益指数：★★★★

第四章　迈进幼儿园，宝宝要独自飞翔（3~6岁）

充满怨气和愤怒的"大狠话"

到了一定的年龄阶段，当孩子的需求得不到满足时，就会说一些"大狠话"。这让很多父母感到不可思议，这么小的孩子怎么能有这样的想法呢？其实，孩子并不明白那些"大狠话"的真正意思，他们只是纯粹地模仿，觉得这些话能激怒父母，进而发泄自己的不满。

故事的天空

4岁的皮特是脾气比较温和的孩子。但是，最近这段时间，皮特爸妈发现儿子经常说一些"狠话"。

一天吃晚饭之前，皮特吵着要吃零食，妈妈认为马上要吃晚饭了，就拒绝了皮特的请求。结果皮特很不高兴，对着妈妈发狠地说："哼，不许吃零食，那我就把你吃掉！一口一口地吞进我的肚子里。"

皮特的话让妈妈十分惊讶，自己儿子今年才4岁，怎么会说出这种让人毛骨悚然的话呢？

又有一天，爸爸在电脑旁工作，皮特吵着要用爸爸的电脑玩游戏，遭到了爸爸的拒绝，结果，皮特气急败坏地说："我打死你！我咬死你！"

137

皮特的这番话再次惊吓到了爸爸，爸爸非常气愤，但又无计可施。皮特爸爸与皮特妈妈四目相对，谁也说不明白曾经那个温和可爱的儿子为什么会变成现在这个出口就是"狠话"的孩子。

宋姐爱心课堂

像故事中的皮特一样，很多孩子都会说"我踢死你""我揍死你"这样的"狠话"。父母听后一定会十分讶异，当然也非常生气。事实上，孩子并不是要真的"打死"你，他也不知道"打死"是什么意思。如果父母对孩子的狠话反应很大，就如孩子所愿了，因为他的目的就是要看到父母着急的样子。

通常情况下，孩子说"狠话"是因为心中受了委屈，内心不平衡，于是就想到了通过狠话来发泄心中的不满。如果孩子的需求得不到满足时，通常会采用身体攻击和语言攻击。一般4岁之前的孩子，攻击的方式可能是踢、抓、揪、跺、打等身体攻击，也可能是大喊大叫、说狠话等语言攻击。到了4岁以后，男孩子一般趋向身体攻击，女孩子趋向于语言攻击。

三四岁正是孩子语言能力快速发展的时期。这个时期孩子说"狠话"，一方面是因为孩子对这些狠话充满了好奇，为了试探父母的反应，他们开始模仿大人说"狠话"；另一方面是因为父母过分地约束孩子，从而导致孩子说一些"狠话"，发泄他们的不满。

另外，孩子说"狠话"与父母有着紧密的关系。孩子喜欢模仿，所以父母的言行举止对他们的影响至关重要，他们的狠话通常都是在父母那里学到的，他们之所以能够运用到适当的环境中，也是在大人的影响下学来的。

西尔斯支招DIY

发现孩子说"狠话"的时候，父母不要生气，应该了解孩子说"狠话"的心理，冷静地思考作为家长应该怎么办。

1. **父母要避免强烈的情绪反应**

面对孩子的"狠话"，父母千万不要大发雷霆，这是每个孩子都会经历的成长过程。再者，父母如果发火、生气，下次孩子还会发出同样的"狠话"。如果父母保持冷静，孩子就会认为自己的这种行为不会引起父母的注意，当然下次也就不会这样做了。

2. 告诉孩子你听了他说的"狠话"很不舒服

对于孩子的"狠话",父母应该告诉孩子他的话让父母很伤心。父母应该蹲下来看着孩子,关切地问:"宝贝,你是不是很生气?"如果孩子还是非常的激动,就不要急着给他讲道理,而且要静静地陪着孩子,倾听孩子的想法,之后再告诉他:"妈妈知道你刚才很生气,但是你说的那些话很不礼貌,让妈妈听了很难过。你生气的时候,可以说'我很生气',但不要用一些粗鲁的语言表达你很生气。"

3. 父母注意用文明语言

日常生活中,父母就应该以身作则,说话要用文明语言,无论什么场合都不要讲不文明的话,尤其是与孩子说话、教育孩子的时候,更不能说那些粗鲁的话。从小就教给孩子"你好""谢谢"之类的文明用语。比如,带孩子乘坐公交车的时候,别人给孩子让座,父母就要抓住时机,告诉孩子应该谢谢这位叔叔或者阿姨。

西尔斯小语 ♡

面对孩子的"大狠话",父母一定要保持冷静。等孩子的心情恢复平静时,再与孩子讨论这个问题,并寻找孩子说狠话的原因,把自己的想法告诉孩子。让孩子明白他们说这些"大狠话"时别人的感受以及这些狠话给别人带来的伤害。

愤怒从来都不会没有原因，但没有一个是好原因。

——西尔斯名言

阅读时间：30分钟　　受益指数：★★★★★

与爱发怒的宝宝过过招

爱发脾气与嫉妒心理一样成了现在所有孩子的一个通病，这与家庭成员对孩子的过分宠爱有着很大的关系。只要孩子提出要求，家长都会尽量满足，这样孩子就把家长满足自己的要求当成了一种理所当然的事情。一旦家长不能满足自己时，就会哭闹、乱发脾气。慢慢地，等到他们发脾气的次数越来越多，父母们才意识到问题的严重性。

故事的天空

玛利亚是一个脾气暴躁的女孩子，只要稍有不如意的事，就会大喊大叫，甚至摔东西。上个周六，玛利亚的爸妈因为工作繁忙要去公司加班，就把玛利亚托付给了爷爷奶奶照顾。

没有了父母的束缚，小家伙开始为所欲为，在她的眼里爷爷奶奶的家可要比自己家好玩多了。这不，爸爸妈妈刚刚开车离开，玛利亚就快速地打开了电视机，开始看她最喜欢的动画片。一转眼一个上午就过去了，玛利亚依然在电视前看得津津有味。午饭的时候，奶奶喊玛利亚吃饭，但她就是不肯过来，无论奶奶怎么劝说，小家伙就是无动于衷。

这时，妈妈回来了。看到这种情形，妈妈劝说道："宝贝，咱们可不可以先吃饭再看电视？"说着拿起了遥控器，摆出一副要关掉电视的样子。可是没想到玛利亚并没有服从妈妈的命令，而是开始大哭大闹起来，一边哭一边冲着妈妈喊道："我就是要看电视！就不要吃饭！"看到大喊大叫的女儿，妈妈一气之下关掉了电视机。这下子，玛利亚哭得更加厉害了，一边哭一边叫道："不让看电视，我就不吃饭！就把电视砸了！"说着玛利亚就拿起了沙发上的玩具朝电视机扔了过去。

宋姐爱心课堂

其实，孩子的哭闹行为只是一种宣泄不良情绪的形式，属于正常的行为，但是出现像故事中玛利亚一样摔打东西的行为，家长就该注意了。孩子摔东西的行为与打人是一个道理，都是一种攻击性行为。而攻击性又有稳定、持续的特性。如果说，孩子3岁的时候喜欢摔东西，到5岁时还喜欢摔东西，6～10岁的时候依然如此，那么，在孩子10～14岁的时候，就可能出现与同伴争斗、打架等暴力行为。

所以，当家长发现孩子有摔东西的行为时，一定要重视。找找孩子为什么会摔东西，为什么会比别的孩子更容易发脾气的原因，慢慢地引导孩子改善并减少发脾气的次数，逐渐地把孩子摔东西的不良行为改掉。

一般，娇生惯养的孩子脾气相对比较暴躁，更喜欢摔东西。现在很多家庭的父母因为工作的原因把孩子交给爷爷奶奶带，这种"隔代教育"模式已经成为了现代普遍存在的一种家庭教育模式。祖辈们对孩子过分的宠爱，使得孩子脾气越来越大，从而形成了一种"唯我独尊"的意识。这种孩子经受不住任何的打击、拒绝，自我控制能力特别差。

还有些孩子是因为在一两岁的时候，没有得到家人尤其是妈妈的关注，他们的需求没能得到满足，所以为了引起他人的注意，他们就会经常搞一些破坏。

西尔斯支招DIY

如果孩子发脾气是在宣泄负面情绪，这是有益于孩子的心理健康的。但如果孩子频繁地发脾气，甚至有暴力倾向，则对孩子的成长十分不利。这时，家长就应该帮助孩子、引导孩子学会控制和调节自己的情绪。

1. 远离发怒环境

当孩子发脾气时，家长最好不要急着和孩子进行辩论，也不要给孩子讲什么大道理，更不能在这个时候想要纠正孩子的行为。因为人在生气的时候，是听不进去任何建议的。父母应该理解孩子，让孩子说说他的想法，然后，引导孩子走出这个环境，或是远离"惹"他生气的人，慢慢地等孩子平静下来之后再告诉他正确的做法。

2. 培养孩子的情绪调节能力

孩子与成人一样，也有喜怒哀乐，遇到不顺心的事也会难过、发脾气。家长应该帮助孩子调节这些不好的情绪。比如，家长可以通过与孩子进行亲切对话以及拥抱等身体接触来帮助孩子缓解负面情绪。另外，家长也可以告诉孩子一些简单的调节情绪的方法。比如情绪沮丧的时候，可以哭出来；莫名其妙地想发火时，可以告诉妈妈自己不开心，或者单独待一会儿，也许心情会好很多。

3. 提高孩子的语言表达能力

孩子心情不好时，家长要教给孩子如何用语言来表达自己的想法，而不是通过摔东西发泄自己的情绪。比如说，你可以告诉孩子，在与别人谈话或者是玩耍的时候，如果别人的做法让孩子不高兴，他可以直接告诉对方"我生气了"。

西尔斯小语 ♡

在孩子的成长过程中，如果家长一直能把孩子看作一个大人，用心灵与孩子对话，懂得孩子的渴求，明白孩子的想法，了解孩子的心情，那么，你的爱就是孩子成长过程中的沃土，就是阳光，就能够让孩子健康快乐地成长。

孩子骂人是有原因的，家长应该仔细分析，帮助孩子改正错误。

——西尔斯名言

阅读时间：25分钟　　受益指数：★★★★

纠正宝宝的骂人行为

孩子初来到这个世界时，就像一张白纸，他们的言行举止都是来到这个世界后学会的，包括他们骂人的行为。没有一个孩子天生就会骂人，所以当孩子开口骂人时，父母应该从自己身上找原因，因为孩子接触最多的人就是父母，因此，父母要为孩子的成长创造一个良好的环境。

故事的天空

几天前，瑞克妈妈带着瑞克去安迪家做客，两个小男孩第一次见面并没有生疏，反而在安迪的卧室里玩得很开心。

两个小家伙经过商量之后，决定搬着小椅子去拿书架上的游戏机来玩，结果安迪在搬起小椅子的时候，不小心碰到了瑞克的头。安迪没有注意到自己的行为给瑞克带来的伤害，也就没有向瑞克道歉，继续玩自己的。可是，感觉到自己受到伤害的瑞克非常生气，就开始骂安迪。

吵闹声很快就惊动了在客厅里闲聊的安迪妈妈和瑞克妈妈。刚刚两个孩子还玩得那么开心，为什么

现在却骂开了？带着疑问瑞克妈妈走了进来，见瑞克还在大声地骂安迪，就询问儿子原因。瑞克的小脸憋得通红，气呼呼地说："谁让他碰我，他惹我生气我就要骂他！"

但是安迪解释道，自己是不小心的，并不是故意要碰瑞克的。瑞克的行为虽然让妈妈很生气，但她也不知道该如何纠正儿子的这种骂人行为。

宋姐爱心课堂

故事中瑞克妈妈的苦恼，同时也是很多父母的苦恼。当发现孩子骂人的时候，父母进行阻止反而会使孩子骂人的次数增多。有的父母认为孩子偶尔骂几句，没多大关系，并没有太在意；而有些父母则认为这种行为非常严重。

其实，几乎每个孩子在成长的过程中，都骂过人。孩子骂人，家长放任自由不可行，过于严厉也不可行。其实，细细分析，孩子骂人的情况也就以下几种。

首先，孩子没有是非观念，别人骂，他也跟着骂，这也是很多孩子骂人的初衷。然而，孩子的这一现象也说明，他正处于一个语言的敏感期。骂人能让他感受到骂人语言特有的威力。

其次，父母的言行对孩子的影响是非常大的，说脏话也是如此。比如，父母不注意自己的言行，时不时地说脏话骂人，那么孩子就会学父母骂人。

最后，还有一种情况就是发生在小伙伴之间，他们之间发生了矛盾，其中一个开始骂人的时候，另一个也会以牙还牙，学着骂。

西尔斯支招DIY

面对孩子的骂人行为，父母不要着急，而要运用恰当的方式来纠正孩子的这一行为。那么，父母该如何纠正孩子骂人的行为呢？

1. 教育孩子懂得尊重他人

要想让孩子不骂人，首先要教给孩子如何尊重他人。在生活中，父母要有意识地训练孩子学会尊重他人。比如，在路上碰到熟人，要让孩子打招呼；请人帮忙的时候，要先用礼貌称呼，然后说明事由，最后一定要道谢。

2. 把孩子的骂人行为消灭在萌芽状态

有的父母听到孩子骂人的时候，特别是幼儿，他的第一意识是觉得挺好玩，不仅不会制止，还会进行鼓励。这样的做法是不可取的，这是对孩子的一种纵容行为，只会强化孩子的骂人行为。所以，父母不能觉得孩子小，孩子的骂人是无意的，而故意引逗孩子骂人。

3. 教育孩子正确对待与他人的摩擦

很多时候，孩子骂人是因为认为别人伤害了他，然后用骂人来宣泄自己的不满。比如，走路的时候，不小心被别人撞倒。这种情况下，父母应该教育孩子用友善的眼光看待所发生的一切，用善良的心看待这些摩擦。让孩子懂得生活中出现这些不愉快的事情是在所难免的，要学会宽容待人，不要因为一些小事而生气骂人。

如果孩子与同伴之间发生了矛盾，父母不要训斥也不要袒护孩子，而是要耐心地对孩子进行说服教育，教孩子遇事懂得用谦让的态度来解决，并明确地表明自己的态度。告诉孩子，如果他不懂得尊重、宽容，很可能就会失去自己的这些玩伴，一般孩子都害怕失去自己的伙伴，这样孩子就会慢慢改掉自己的那些不良言行了。

西尔斯小语 ♡

父母一定要注意，孩子在改正错误的过程中，对于他的进步，无论是大是小，一定要及时地给予鼓励、表扬。要让孩子明白父母喜欢的是这个不打人、骂人、抢东西的孩子，让他们知道知错能改的孩子才能得到父母的夸奖。

父母的溺爱只会养出霸道的、以自我为中心的孩子，可以说得严重点，溺爱会毁掉孩子的人生。父母一定要认识到溺爱的严重性，面对孩子的不合理欲望，父母要学会拒绝。

——西尔斯名言

阅读时间：25分钟　　受益指数：★★★★★

"小霸王"不再霸道

父母对孩子的爱是无私的，每对父母都很爱自己的孩子，但是溺爱是不可取的，因为溺爱只会让孩子失去生存的能力，无法适应社会的激烈竞争，而且离成功会越来越远，甚至成为长不大的老小孩，一辈子依赖父母，将父母"啃食"得干干净净。

故事的天空

一天晚上，妈妈带4岁的托蒂去朋友家玩，朋友送给托蒂几块很好吃的糖，托蒂舍不得吃完，就留下了最后一块准备回家之后慢慢"享用"。但是回家之后，托蒂突然发现自己一直攥在手里的糖块不见了，她急得哭了起来。

爸爸妈妈看到托蒂大哭不止，就安慰她说下次再买一样好吃的糖给她，并承诺第二天给她买好玩的玩具。但是，不管大人怎么哄她，托蒂依然哭

个不停，大声叫着："我要！我要！我现在就要！"说完托蒂就在地上不停地滚来滚去，爸爸妈妈看到她这样，非常心疼。虽然很晚了，但还是带着手电筒出去为她找丢失的糖块。

但是，爸爸妈妈并没有找到，于是托蒂一直在哭。虽然天已很晚，妈妈的朋友都已经睡下了，但为了平息托蒂的哭声，妈妈还是厚着脸皮去找朋友要了一块糖。

有一次，托蒂的奶奶从很远的地方来看孙女，托蒂一见到奶奶就缠着要礼物。奶奶当时很累，正好身上有两块糖，就哄她先吃糖，等晚上的时候再出去买玩具。但是，托蒂立刻就哭了起来，嚷着现在就要去买玩具。奶奶感到很无奈，爸爸妈妈也拿她没办法，只好马上带她出门买玩具。

此后，只要是托蒂想要的东西，她都会让父母立刻买给她。如果父母没有满足她的要求，她就哭闹个不停。

宋姐爱心课堂

像故事中的托蒂一样，现实生活中也有很多孩子在不知不觉间变成了一个无理取闹的"小霸王"。西尔斯曾经说，孩子变成"小霸王"要先从父母身上找原因，是不是父母每次都满足了孩子的要求。

在生活中，我们经常会在超市、商店、游乐场等遇到这样的"小霸王"。他们常常想要什么东西就要立刻得到，否则就会当众哭闹，引人侧目，父母怎么哄都没有效果，有的孩子甚至还会动手打人。

面对孩子的眼泪，父母会心疼孩子、纵容孩子，一切听从孩子的安排。时间久了，孩子会变得任性霸道。但是，孩子总有一天会进入社会，社会可不会听孩子的哭闹，他们到时候会为自己的任性付出沉重的代价。

有的父母认为对孩子溺爱没有关系，孩子长大之后，这种霸王行为自然就会消失。其实，如果父母没有意识到问题的严重性，不及时加以调整，不但会影响孩子今后的人际关系和情感的发展，还不利于孩子的独立。

西尔斯支招DIY

那么现在就换另外一种方式来爱孩子吧，勇敢地舍弃溺爱，而是用一种健康的爱来爱孩子。否则，溺爱在不远的将来只会换来孩子的冷酷无情。

1.不要满足孩子的无理要求

在孩子向父母提出无理的要求时,无论孩子如何哭闹,父母都不要理睬。即使是在人很多的超市,父母也不要为了让孩子停止哭闹,而满足孩子的要求。这时候,父母要放下选好的东西,尽快将孩子带离现场。

2.父母给孩子讲明是非道理

当孩子做错事时,父母不要一味地袒护孩子,而要用温和的态度帮助孩子纠正错误,一定要在孩子面前坚持原则,并适度地表明对孩子的爱。

3.分散孩子的注意力

父母好好地和孩子讲道理,但是孩子依然不讲理。这时候,父母也不要生气,而是要尽量转移孩子的注意力。如果孩子仍然非常固执,父母也要表明自己的态度。

4.父母要保持冷静

与孩子相处时,父母要保持冷静,当孩子提出要求时,要与孩子一起分析他的要求是否合理,合理的就尽量满足他,不合理的就不要理睬。

5.称赞孩子

当霸道的孩子在父母的引导下表现得温和礼让的时候,父母一定要及时夸赞他。那么孩子为了得到夸赞,就会强化温和的行为,而不会一直哭闹,惹人讨厌。

西尔斯小语

> 孩子的霸道行为会对孩子的人生造成无数的阻碍,因为谁也不会喜欢和一个以自我为中心、只会索取的人在一起。孩子只有从父母那里明白什么是真正的爱,才会真正爱他人,带给他人幸福。

轻松引导宝宝培养好习惯

> 如果一个人不能掌握基本的自理技能，或是在思想上依赖他人，那么，这个人也就不能获得最大限度的自由，不能走向独立。
>
> ——西尔斯名言

阅读时间：30分钟　　受益指数：★★★★★

宝宝自己穿衣不插手

当孩子开始自己穿衣服时，妈妈们不要认为孩子穿得不合适、不舒服，而帮孩子穿衣。其实，只要孩子自己觉得舒服就可以了，即使是看到孩子穿得很不舒服，父母也要先问孩子自己觉得是否舒服，如果孩子觉得舒服那就随他去，慢慢地他会感到不舒服的，那时妈妈再告诉孩子为什么不舒服，应该怎么穿。

故事的天空

一天早晨，艾丽一家准备外出游玩。吃过早饭后，妈妈就为3岁半的艾丽找来了一条漂亮的公主裙，并告诉艾丽要自己换上，然后就把裙子交给女儿，自己去收拾游玩的东西了。

爸爸妈妈收拾好东西，到房间叫艾丽准备出发时，发现艾丽正在床上玩得不亦乐乎，而公主裙还摆在原地。艾丽妈妈很好奇，难道艾丽不想出去？可是，爸爸妈妈和她商量的时候，她可是非常的兴奋啊！妈妈还在疑惑的时候，艾丽很理直气壮地说道："妈妈，你怎么还不给我穿衣服呢？"

艾丽那气急败坏的表情、理所当然的口气让妈妈很是惊讶。但是，转瞬间，妈妈又想：不对呀，女儿已经完全能够自己穿衣服了啊，这件事本就是她

第四章　迈进幼儿园，宝宝要独自飞翔（3～6岁）

"分内"的事，而不是妈妈的事。爸爸看到之后，也认为女儿应该为自己没有穿好衣服负责，而不是由大人来负责。

艾丽的爸爸妈妈越想越不对劲，还记得艾丽刚学吃饭的时候，非要自己吃；蹒跚学步的时候，非要自己走；刚学穿衣脱袜的时候，也是非要自己来。但是，为什么现在的艾丽竟然会要求妈妈为她穿衣服呢？

宋姐爱心课堂

其实，像故事中艾丽妈妈这样的困惑，相信有些妈妈也有过。为什么孩子一开始学会一项技能的时候，都要自己做，而慢慢地却又要大人帮助呢？

现实生活中很多大人因为赶时间或是认为孩子做不好等原因，会偶尔代替孩子做那些孩子能独立完成的事情。比如，帮孩子穿衣服、系鞋带等。然而，就是因为这些家长偶尔的出手相助和偶尔的包办代替，让孩子逐渐产生了一种依赖感，也让孩子变得越来越懒散。当然，也就不会养成"自己的事情自己做"的习惯了。

西尔斯认为孩子能不能做到自己的事情自己做，要看家长的态度。如果家长能做到适时的放手，无论孩子做得好与坏，都要给孩子机会，让孩子拥有成长的空间和自由，做到"孩子能独立完成的事情大人决不插手"，这样孩子就会渐渐地养成"自己的事情自己做"的习惯。但是，如果家长不懂得放手，时时刻刻都担心孩子做不好，认为孩子做得慢，浪费时间，等等，孩子当然也就不可能做到自理了。

西尔斯支招DIY

既然"自己的事情自己做"能够影响孩子的一生，那么，家长一定要重视，而且应该从孩子小时候就开始培养他这种好习惯，要是孩子长大了再教他自己的事情自己做那就很难了。

1. 明确培养目标

家长首先要了解孩子每个年龄段应该掌握的基本生活技能，然后再确定培养的目标。比如，3~4岁的孩子应该学会用勺子吃饭以及自己穿衣服，父母就要朝这个方向锻炼孩子，不能再亲自喂孩子吃饭、帮孩子穿衣服了。只有有了明确的目标，才能懂得哪些该放手让孩子做，哪些还需要家长帮忙，这样才能逐渐提高孩子的独立能力。

2. 给孩子独立生活的机会

孩子自己能独立完成的事情，家长一定要让孩子自己做，给他们更多练习的机会，让孩子在不断的练习中养成"自己的事情自己做"的好习惯，并逐渐地学会做更多的事情。比如，孩子的鞋带开了，家长不要帮孩子去系，而是应该教会孩子如何系，这就是人们常说的"授之以鱼不如授之以渔"的道理。

3. 要懂得赞扬孩子

孩子一开始做的时候，可能做得很不好，但家长一定不要责骂或训斥孩子，也不要代替、包办。一定要鼓励孩子，告诉孩子他已经做得很棒了，但是有些地方做得还不是很好，仍需要努力。比如，当孩子自己拿勺子吃饭的时候，吃得很好，但也洒落了很多食物到地板上，家长此时要先给予孩子肯定，然后再告诉孩子下次应该注意。

西尔斯小语

在孩子相应的敏感期，家长要给孩子足够的机会让他们练习，并且要让孩子坚持一段时间，慢慢地孩子就会形成"自己的事情自己做"的习惯。反之，如果没有把握住这个敏感期，事后再去弥补，恐怕难度就比较大了。

家长要给孩子一个有规律的生活。

——西尔斯名言

阅读时间：30分钟　　受益指数：★★★★

宝宝与床难舍难分的那点事

孩子与大人一样，如果一直没有一个固定的起居生活习惯，突然从某一天开始有了一些硬性的规定，比如没上学之前可以睡到自然醒，上学了每天到点就得起床，就会难以接受。所以要想让你的宝宝不赖床，需要让他从小就有规律的生活。

故事的天空

"嘀嘀嘀……"闹钟响了，熟睡中的妈妈翻了个身就准备起床了，可是，儿子昂斯的房间似乎还没有一点儿动静，难道是儿子没听见？

为了避免孩子上学迟到，妈妈还是来到了昂斯的房间叫儿子起床。但昂斯只是翻了个身，又继续睡了起来。妈妈着急了，喊道："起来了，快点儿！一会儿又要迟到了，听见了没有？你再不起床就要错过学校的班车咯！"边喊边用手摇晃着他的身子。

这个时候，昂斯终于转过身子来了，脸朝向了妈妈，看来昂斯的睡意被赶走了，准备起床了。于是，妈妈也松了口气，用平和的语气说："昂斯快起来，妈妈给你准备早餐去。"

早餐做好了，但妈妈依然没有看到昂斯的身影，只好再次来到昂斯的房间。让她好气又好笑的是，昂斯仍然睡在床上，而且睡得很香。妈妈皱紧眉头，又使劲地晃动昂斯的身体。这时，昂斯眼睛半睁半闭地说："妈妈，再让我睡5分钟，好吗？"妈妈知道他5分钟后一定还睡在那儿，于是强硬地把儿子拉了起来……

宋姐爱心课堂

故事中昂斯的这种赖床的情况，也是很多孩子的通病。每天早晨，爸爸妈妈着急上班，但孩子却赖在床上不肯起，这让很多父母发愁。

其实，这不能怪孩子们，要怪就得怪父母自己。孩子赖床的习惯也都是来自父母。比如父母经常不按时起床或经常抱怨每天要早起，对早起有着深仇大恨，无形中这种情绪就会传染给孩子，让孩子也抵触早起。

还有的父母想到孩子一旦上学后就必须每天早起，于是就想让孩子在没有上学之前睡个自然醒。其实，就是父母的这种宠溺行为，让孩子养成了睡懒觉的习惯。上学后开始赖床了，父母就开始大喊大叫，硬性纠正孩子的赖床习惯，结果让孩子更抵触。

父母想要孩子不赖床，就应该从小培养孩子按时起床的习惯，不要等到上学了才要求孩子按时起床。

西尔斯支招DIY

其实，对于赖床的孩子，父母可以试一下这几种方法。

1. 给孩子做决定的权利

让孩子自己选择休息和起床的时间，并告诉孩子说到就要做到。同时，问问孩子喜欢妈妈每天用什么样的方式来叫他起床，这样在叫孩子起床时，不愉快情绪就会减少。

2. 准备一个可爱的闹钟

与其每天叫醒孩子让他不高兴，还不如带孩子买一个他喜欢的闹钟，然后教给孩子选择闹钟铃音的方法，让孩子自己选择喜欢的闹钟声音。早晨，当孩子听到自己的心爱之物发出自己喜欢的声音时，就会很愿意起床了。

3. 用音乐叫醒睡梦中的孩子

到了起床时间，父母可以放一些轻快的音乐，然后告诉孩子新的一天又开始了，吃饭后我们又要与太阳赛跑啦。孩子们做什么事情都喜欢有人和自己竞争，一听妈妈说要和太阳赛跑，孩子一定会起床的。当然，也可以放一些孩子喜欢听的故事音频，在轻松愉悦的氛围中，也就没有了被吵醒的不愉快。

4. 提前做准备

不管是父母还是孩子，都应该在睡觉前先整理好自己第二天需要的东西，这样起床后就不会手忙脚乱了。每天早晨，父母起床后可以先处理好自己的事情，然后再叫孩子起床，这样家长就可以轻松些，不用既急着处理孩子的问题，又着急处理自己的问题了。这样做不仅可以节省时间，而且全家人每天出门的时候都是开开心心的。

西尔斯小语

良好习惯的养成需要从小培养，孩子赖床是因为父母从小没有锻炼孩子养成早睡早起的习惯。如果孩子刚开始上学的时候出现这种赖床问题，父母不及时纠正，会使孩子将来的生活也是一团糟，做事之前没有任何的准备。

孩子丢三落四的罪魁祸首是父母的粗心大意。

——西尔斯名言

阅读时间：30分钟　　受益指数：★★★★

第四章　迈进幼儿园，宝宝要独自飞翔（3～6岁）

丢三落四的宝宝细心点儿

"妈妈，我的玩具车呢？"生活中很多妈妈经常会听到这样的话。对于这样丢三落四的孩子妈妈也很发愁，虽然每次自己都会嘱咐孩子把自己的东西收拾好，但是每次都让他们当成了耳旁风，转眼就把自己的东西丢得到处都是。下次需要时，又开始着急地询问妈妈。

故事的天空

5岁的尔基有多数孩子的通病，就是做事情不用心，总是犯一些小错误。对于尔基经常犯的这些错误，爸爸妈妈都习以为常了，对他的说教也等于是白说。

有一次，尔基过生日，妈妈给他买了他最喜欢的汽车模型，但是没过几天，东西就不见了。妈妈问道："尔基，你生日的时候，妈妈送给你的汽车模型呢？"坐在沙发上看电视的尔基似乎没有听到。妈妈就走到尔基面前重复了刚才的话，尔基摸着头，眉头紧皱着。妈妈已经猜到尔基一定会说"忘记放哪儿了"，或者"不知道啊，好像在玩具箱"等。果不其然，尔基又

155

说自己忘记放哪儿了。妈妈很无奈。更有趣的是，有时候尔基会因为玩得过于投入，而忘了上厕所，导致尿湿了裤子……

尽管尔基爸妈也知道，孩子的成长需要引导，但由于他们工作忙而忽略了对孩子的教育，或采用了不当的方法，而没能起到作用。

宋姐爱心课堂

像故事中的尔基一样，很多孩子都有丢三落四的毛病。一般而言，丢三落四的孩子都有一些共同的特征：依赖性强、粗心大意、独立性差、没有检查的习惯等。有些家长会说："这孩子天生就记忆力差，总喜欢丢三落四。"其实不然，这些孩子只是没有用心记，如果他们用心记忆，表现还是很不错的。

其实，孩子丢三落四的习惯的养成，父母也有很大的责任。由于父母过分的关心爱护孩子，替孩子做好了所有的事情，最终导致的结果就是孩子形成了衣来伸手、饭来张口的习惯。随着时间的推移，孩子的依赖感越来越强烈，慢慢地，做事情也就不再那么用心了，很容易就形成了丢三落四的习惯。不仅如此，这样的习惯还会影响到孩子以后的学习和生活中。而且孩子长大后也会离不开他人的照顾，很难自立。事实上，孩子一出生的时候，就是一个独立的个体，他们有自己独立的意愿和个性，没有人能支配或限制他们的行为。尤其是在孩子成长的过程中，父母不应该替孩子进行选择，而要让孩子体验自己做主的感觉，父母的代替只会给孩子的心理留下阴影。

西尔斯支招DIY

为了孩子的健康成长，父母应该从小培养孩子做事认真细心的习惯，杜绝孩子养成丢三落四的毛病。

1. 培养孩子的独立性

孩子终究有一天是要离开父母，独立生活，所以培养孩子独立的生活能力是非常有必要的，只要孩子自己能完成的事情，就要让他自己做。比如，让孩子自己收拾玩具，让孩子自己穿脱衣服，切忌不能替孩子的粗心大意"圆场"，等等。

2. 从孩子的角度看问题

对于孩子丢三落四的坏习惯，家长要从孩子的角度出发，相信孩子能够自己处理好这些事。事实上，孩子从日常生活的实践中得到的经验与教训，远比大人说教的作用大的多。而且孩子成长过程中的"过失"与"成就"都有一定的教育功能。父母不仅要学会欣赏孩子优点，还要学会正确地看待孩子的缺点。

3. 允许孩子犯错误

很多父母对于孩子丢三落四的习惯采取的是斥责或者抱怨的态度，而父母的这种态度反而使孩子的这个毛病越来越严重。其实，每个人都会犯错误的，但只要意识到自己的错误并及时地改正就可以了，更何况是5岁左右的孩子呢！父母应该宽容孩子，帮助、引导孩子改正错误。

西尔斯小语

对于丢三落四的宝宝，西尔斯家有一个很好的办法，就是让孩子自己寻找他需要的东西，让他们从中吸取教训，改掉自己的这个坏习惯。

爸妈私房话

儿童离不开秩序就如动物离不开陆地，鱼儿离不开水，秩序会产生自然的快乐。

——西尔斯名言

阅读时间：25分钟　　受益指数：★★★★★

宝宝更愿意有序的生活

不要以为孩子人小就误以为他们不懂事，其实他们懂的还是挺多的。父母应该平等地对待孩子，把孩子当作一个小大人。父母不要带孩子去插队，这样会误导孩子的认识，让孩子误以为公众场合也可以不排队。

故事的天空

一个周末，妈妈带着凯莉去麦当劳吃汉堡，凯莉吃完后就去排队玩滑梯了。轮到凯莉的时候，一位妈妈带着一个小男孩来到了滑梯旁边，对着凯莉说："小姐姐，让弟弟玩一玩滑梯好不好？"

凯莉转头看了一眼，然后就继续玩她的。然后这位妈妈就又说了一遍，这次凯莉说话了："这是公共玩具，小弟弟当然可以玩，但是小弟弟必须先去排队。"凯莉的话让这位妈妈觉得很尴尬，但又觉得凯莉说得很有道理，有那么多的小朋友都在排队，为什么自己的小孩可以不排队呢。凯莉妈妈听到女儿的话后，很是惊讶。她以为女儿在那儿排队就是看到别人那么做，自己也学着做呢，没想到5岁的凯莉竟然懂得这么多。

宋姐爱心课堂

在现实生活中，很多孩子都会像故事中的凯莉一样，充满秩序感。其实，秩序感是每个孩子与生俱来的，而且这种秩序感非常强烈。这种秩序感是孩子道德意识的奠基石，也是孩子判断事物的基础，能够给孩子带来安全感。

事实上，在孩子的成长过程中，他们在不停地重复着原有秩序，生活渐渐地就有序了，孩子也就感觉有安全感。如果这个秩序发生了变动，孩子的安全感也会随之消失，他们就会产生焦虑和恐惧的心理。然而，让人遗憾的是，很多父母由于不了解孩子秩序敏感期的特殊心理和行为，而认为孩子"小气""惯坏了""不懂事"等。比如，给孩子买个冰激凌，父母在没有经过孩子的同意的时候，就咬了一口，然后孩子就哭着不依不饶。父母认为这是孩子不懂事的行为，会批评、斥责孩子，然而，父母的这种行为会破坏孩子的秩序感，以及孩子内心认为的完美，而且无形中也会扼杀孩子的自律感，最终导致孩子在以后遵守规则和发展道德感方面出现障碍。

其实，孩子因为你咬冰激凌而哭，只是因为孩子认为整齐、完整的东西才是"对"的，而凌乱、残缺的则是"错"的。实际上，当孩子出现了"对与错、好与坏"之分的意识之后，孩子的自律感也就自然而然地形成了。所以说，秩序感是道德意识的起源之一。

西尔斯支招DIY

当孩子处于秩序敏感期，父母一定要理解他们的一些特殊要求，不能破坏孩子对事物固定秩序和完美无缺的追求，那么，父母该如何做呢？

1. 通过井然有序的生活环境培养孩子的秩序感

只有在井然有序的生活环境中才能更好地培养孩子的秩序感。首先，日常生活中，父母要安排好孩子和自己的作息时间，父母要带头遵守这个作息时间，还要督促孩子执行，这种做法既有利于孩子的健康成长，还能培养孩子的时间观念和秩序感。其次，家庭环境整洁有序也是非常重要的，比如，家中的所有物品都要摆放整齐，有它们固定的摆放位置，使用后要物归原处。父母要培养孩子归置秩序的技能，鼓励并引导孩子自己收拾玩具、图书，就算是孩子帮倒忙，也不要斥责，要耐心指导、积极表扬。在一种和谐的家庭氛围中，家庭成员互相关心而且长幼有序，是培养孩子追求文明、秩序的前提条件。

2. 从小事开始培养孩子的秩序感

从生活的细节中开始培养孩子的秩序感。比如，每天进门换鞋的时候，要告诉孩子将自己的鞋摆放整齐；看完电视后，要把自己的小凳子放回原来的位置等，这虽然是些不起眼的小习惯，但是对培养孩子的生活秩序有很大的帮助。

3. 注意在公共场所培养孩子的秩序感

任何一个公共场所都有一定的规章制度，父母带孩子进入公共场所时，要让孩子懂得遵守公共场所的制度。比如，乘坐公共汽车的时候，要先下后上，文明礼让；到了游乐场，应该自觉排队、先后有序、不推不挤。父母也要为孩子做好榜样，让孩子从遵守规则中体会到快乐，并告诫孩子不遵守这些规则是不道德的行为。

西尔斯小语

保护孩子的秩序敏感性、培养孩子的规则意识都十分重要，父母必须记住，这是儿童发展的必经阶段，而且需要帮助孩子顺利度过这个阶段，孩子才能更加健康地成长。

> 拒绝刷牙的孩子渴望更多关怀。
>
> ——西尔斯名言

阅读时间：30分钟　　受益指数：★★★★★

爱上刷牙更健康

不喜欢刷牙是多数孩子共同的毛病，也是父母们的一大心病。父母因为担心他们的牙齿健康，所以常常采取强制性的手段，强迫孩子每天刷牙。但是父母有没有考虑到这样做导致的后果呢？

故事的天空

安妮只有4岁，是一个非常有主见的女孩，喜欢的和不喜欢的她都分得很清楚。然而最让爸爸妈妈发愁的就是她每天早晨刷牙的这件事。

每天早晨，爸爸妈妈总要追问安妮，是否刷牙了。一开始，每当父母问起的时候，安妮就会去刷牙，可是，有一次，爸爸发现，安妮根本没有刷牙，却告诉他刷过了。之后，几乎每天早晨都能听到安妮和爸爸这样的对话。

爸爸问："安妮，刷牙了没？"

安妮爽朗地答道："刷了。"

爸爸用疑问的语气问道："刷了？"

安妮肯定的回答道："真的刷了。"

爸爸还是迟疑地问："真的刷了？"

安妮的回答依然那么肯定："真的刷了。"而且还有些不耐烦了。

爸爸来到安妮身边，

第四章　迈进幼儿园，宝宝要独自飞翔（3~6岁）

"来，让我看看。"

这下安妮感到要露出马脚了，于是，急忙双手捂着嘴，并嘟囔着："我不要刷牙。"

看来，这一次的刷牙行动又失败了。

宋姐爱心课堂

其实，孩子的这种行为，是在提醒父母他们到了"反抗期"。孩子之所以不听话，并不是他故意和父母作对，也不是孩子自身出现了问题，而是因为他们进入了成长过程中的一个"反抗期"，他们想通过这些"反抗性"行为获得独立。随着孩子年龄的增长，他们的各种能力也得到了发展和锻炼，有些事情已经不需要大人的帮忙了，而且孩子还发现他们能表达自己的想法了。这个时候，独立意识在孩子幼小的内心开始萌芽，他们希望得到别人的认同，他们想向别人表现"我能行，我长大了"。

同时，孩子此时已经认为自己是一个独立的个体了，不要爸爸妈妈来教自己怎么做了，所以，对于爸爸妈妈的要求他们是不会遵照的。于是，孩子开始频繁地表现出"不，不，不……不"。

而有些大人一旦发现孩子越来越不听话，不按照他的安排去做事，就会非常担心。就比如说刷牙，有些家长看到孩子刷牙的姿势不对，或是没有按时刷牙，就会很生气，这样就会使孩子紧张、害怕。其实，刷牙与吃饭是同一个道理。孩子一开始并不懂得其中的要领，但到了一定的年龄，他们自然而然就领会到了其中的精细动作。

所以，在孩子拒绝刷牙这件事情上，父母一定不要采取逼迫的态度，而要通过分析，对症下药。

西尔斯支招DIY

一般而言，孩子在3岁之后就应该养成良好的刷牙习惯。可是这些小淘气总是不喜欢刷牙，这个时候爸爸妈妈就要想办法了。

1. 认识到孩子说"不"的原因

其实，孩子说"不"的时候，父母应该要好好想想。一般，孩子说"不"

是有原因的。要想解决问题，就必须找到问题的关键，也就是孩子说"不"的症结。否则，不但问题没解决，还会导致孩子经常说谎。甚至有些父母因为孩子说"不"，而打骂孩子，使得父母与孩子之间发生冲突，导致孩子的反抗心理越来越严重。当孩子表现出独立意识的时候，爸妈一定要尽量满足孩子独立的需要和爱与保护的需要。而责骂或者讲道理，几乎是没有任何效果的。

2. 采用循序渐进的原则

父母不要指望孩子做事能一步到位，就算是大人都不可能做到。所以在教孩子刷牙的时候，爸妈一定要有耐心。刚开始教孩子刷牙的时候，应该先激发孩子的兴趣，让孩子学习爸妈的动作每天练习刷牙。等孩子对刷牙产生了兴趣后，再逐渐地告诉孩子刷牙动作的一些要领。

3. 不要批评孩子

在培养孩子的任何生活习惯时，都要从正面引导，才能使孩子开心地接受，当然刷牙也不例外。父母发现孩子模仿大人的时候，就要好好抓住时机，培养孩子的兴趣以及基本的生活技能。要适时地鼓励孩子模仿，并加以正确的引导。切忌不能进行反面教育。

西尔斯小语 ♡

西尔斯在家教育孩子时遵循的一条基本原则是：遇到孩子不愿意做的事情，父母一定要保持冷静的态度，不强迫、不责骂孩子，孩子不愿意做一定是有原因的，父母应先找原因，再寻找解决问题的途径。

巧妙培养宝宝的思维方式

世上最让人意想不到的就是孩子的奇思妙想。

——西尔斯名言

阅读时间：30分钟　　受益指数：★★★★★

给孩子自由想象的空间

孩子的想象总是让人觉得很奇特，也让大人们觉得很搞笑，这是孩子想象力的一种表现。当孩子有什么怪异的想法时，大人千万不要笑，你的笑会挫伤孩子的自尊心。对于孩子的奇思妙想，父母应给予鼓励，并尽量为孩子提供想象的空间。

故事的天空

雪莉今年4岁了，一双大大的、水灵灵的眼睛，再配上她那白嫩的皮肤，以及发黄的卷发，看上去简直与超市货架上的布娃娃一模一样。

雪莉小时候就喜欢被妈妈抱着睡觉，于是每次睡觉时都要妈妈抱着才肯入睡，雪莉妈妈也总是一边唱着歌一边用手拍着雪莉的背部，哄雪莉睡觉。有时候还会抱着她在家里转来转去。近来，妈妈发现雪莉经常抱着自己的布娃娃在客厅跑

来跑去，有时候会边唱边拍打布娃娃。这让全家人觉得很搞笑，妈妈就问雪莉："宝贝，你抱着布娃娃干嘛呢？"雪莉告诉妈妈，不要说话，她的布娃娃在睡觉。

家人知道，雪莉这是在学妈妈哄她睡觉呢。之后，他们慢慢地发现雪莉经常模仿一些大人的动作，有时候会坐在凳子上摇摆，把凳子当作投入硬币就会转动的玩具动物车。

宋姐爱心课堂

雪莉的这些行为，就是想象力的一种表现。一般来说，孩子都喜欢把那些没有生命力的东西想象成有生命的东西，不会说话的东西想象成会说话的东西，甚至会把同一件东西在不同的场合赋予不同的功能。一般，孩子想象的内容非常简单，这与孩子的经历有关，毕竟他们年龄小，生活经验少。如果孩子表现出这些行为时，父母一定要刺激和鼓励他们，让孩子进行大胆的想象。千万不要干涉孩子的想象，更不能打击孩子。

聪慧的家长一般都会鼓励孩子大胆地说出自己的想象。这样不仅能让孩子的想象力得到充分的发挥，而且这过程也是梳理孩子生活经验的过程。同时孩子表述自己想法时的语言都是经过大脑组织整理后表达出来的，所以，孩子的语言表达能力也得到了锻炼。孩子说出自己的想法后，无论父母认为多么可笑，都要给予孩子积极的鼓励，支持孩子继续去想象，爸爸妈妈对孩子的肯定，会让他想象的兴致越来越高。

想象不仅能让孩子的生活变得更加丰富多彩，同时还能开发孩子的智力，激发孩子的创造能力和思维能力。

想象力发展的同时，孩子解决问题的能力也得到了提高。所以父母应该鼓励孩子大胆想象。

西尔斯支招DIY

3岁左右的孩子正是开发智力的良好时机，既然想象力有助于孩子的智力开发，那么家长就应该想办法激发和培养孩子的想象力，让孩子的想象得到淋漓尽致的发挥。

1.帮助孩子提高记忆力

其实，孩子最初的想象与他们的记忆有着很大的关系。基本上是孩子记忆表象的简单迁移。比如，父母喂孩子吃饭时，孩子记住了父母当时的样子，之后，他们就会扮演妈妈的角色喂布娃娃吃饭，甚至还像父母一样劝布娃娃好好吃饭。这也是孩子记忆力的再现，可见，孩子的想象力与记忆力的关系密切。所以，父母先要帮助孩子提高记忆力，让他对周围的人、事物进行认识，进而激发宝宝想象力的发展。

2.别伤害孩子的想象热情

孩子的思维很简单，生活经历也很少，所以孩子的想象也比较夸张。比如，有时候，孩子会告诉父母自己就是奥特曼；有时候也会说自己要与外星人成为朋友。孩子的这些想法在大人看来很幼稚、可笑。甚至有些家长会批评孩子，说孩子是动画片看多了，得了妄想症。家长的这些话会限制孩子想象力的发展。作为父母，应该了解孩子的心理，给孩子充分的想象空间。如果孩子的想象太过于天方夜谭，父母也不要着急，要先问问孩子是自己想象的，还是从哪儿看来的，父母可以帮助孩子分清哪些是想象，哪些是生活中的真实现象。

3.通过涂鸦激发孩子的想象

画画，是孩子充分发挥想象力的一个方法。无论孩子画的是什么、画的多么抽象，父母都要给予表扬，并引导孩子讲述自己画的是什么、图画中的人物都在做什么等。如果孩子画了很多的画，父母还可以引导孩子，用自己的语言把这些画通过想象描述成一个完整有趣的童话故事。

西尔斯小语 ♥

> 由于孩子还小，他们的想象主题也非常的不稳定，父母应该保护和激发孩子的好奇心。尽量满足孩子对未知事物的探索欲望，鼓励、引导孩子观察周围的新鲜事物进而展开自己的想象。

任何问题的答案都不止一个，父母应该鼓励宝宝寻找多种解决问题的方法。

——西尔斯名言

🕐 阅读时间：30分钟　　🎓 受益指数：★★★★★

巧解问题，宝宝方法多

生活中遇到问题的时候，宝宝会找到一种解决的方法，但这还不够，父母应引导孩子寻求更多的解决方法，培养孩子探索多种解决方法的能力。在这个过程中可能会遇到很多困难，但却能激发孩子的思维能力发展。做父母的要迎难而上，并且对孩子充满信心。

故事的天空

罗伯特今年满4岁了，想象力极为丰富。

一个周六的下午，罗伯特和妈妈在家中玩橡皮泥，两人在玩"你捏我猜"的游戏。妈妈随意捏出一个形状，罗伯特就能想象出很多事物。比如妈妈捏出一个圆形，罗伯特说它是歌唱家的嘴，是著名球星脚下滚动的足球；妈妈又捏出椭圆形，罗伯特把它看作地上爬的小蚂蚁，商店里卖的烤面包；妈妈再捏出一个长方形，罗伯特认为它是公路上的公共汽车，还有他最爱吃的长方形饼干。

罗伯特如此有想象力并且爱开动

脑筋，很受大人们的喜爱，大家都认为他非常聪明。其实罗伯特有这么多想法与妈妈的培养方式有关，妈妈总是鼓励他多动脑子，从各个方面思考一个问题的答案。每当罗伯特有一个想法时，妈妈总会说："你这个想法非常有创意，你还能想出另一个更棒的点子吗？"这样，罗伯特对自己越来越有信心，也更愿意动脑想出更多的解决办法了。

宋姐爱心课堂

故事中的罗伯特想象丰富、解决问题的方法多，主要归功于妈妈的培养。每个孩子在最初的时候都会天真地认为一个问题只有一个正确答案，所以他们会询问父母或自己寻求那个唯一正确的答案。父母需要做的是，让宝宝明白，有些问题有很多正确答案，要鼓励宝宝尽可能地寻找更多的答案。

也许在一开始，当孩子找到了一个解决方法后，父母还让他找更多方法时，孩子会迷惑不解，不明白父母为什么要自己继续寻找。当妈妈问他"对于这个问题你还有其他办法吗"，孩子会错误地认为自己的解决方法是不正确的，从而失去继续寻找的信心。

为了鼓励宝宝开动脑筋积极寻求不同方法，父母在要求第二种解决方法时，应该对他说："这是一个正确的解决方法。接下来的游戏内容是找到下一个方法。"这样一来，不但肯定了宝宝的第一个方法的正确性，增强了他的信心，还能让宝宝满怀期待地寻找下一个解决方法。

西尔斯支招DIY

父母要鼓励孩子思考并寻找问题的答案，但同时也要注意不能将孩子的思维局限在一个答案上，要注意引导孩子开拓思路，多思考解决问题的方法。

1.正确答案有很多种

如果宝宝提出与问题不相关的方法，父母要站在宝宝的角度，帮他区分问题与结果，然后再鼓励他寻找其他的方法。

2.回应方法要合理

父母在回应宝宝的解决方法时，要注意语气和用词。比如，孩子说出解决问题的另一种方法时，父母可以说："不错，你又多了一种解决方法。"

3.鼓励宝宝自己动脑

不要轻易帮宝宝解决困难，要鼓励他自己动脑，并表现出对他的信任。孩子的潜力是父母想象不到的。因此，父母要通过鼓励来激发孩子的想象力。

西尔斯小语 ♡

> 父母想让孩子有一个活跃的思维能力，就要引导孩子从多角度去思考问题，解决问题。同时父母必须要有绝对的耐心和好脾气，要允许孩子在寻找的过程中犯错误，并耐心地帮助孩子寻找正确的解决方法。

爸妈私房话

宝宝的难题能否成为他们人生路上的一笔巨大财物，关键在于家长的回答方式。

——西尔斯名言

阅读时间：25分钟　　受益指数：★★★★★

让大人伤透脑筋的宝宝难题

在宝宝眼中，这个世界新奇有趣，每天都能发现"新大陆"。但是宝宝的智力和能力水平决定了他们不能完全理解所观察到的事物，所以他们会提出千奇百怪的问题，而父母是他们最好的解答者。虽然宝宝们的这些问题常使大人们伤透脑筋，但即使回答不出来也应该有一个正确的态度。

故事的天空

理查德是一个爱思考的小男孩，他经常向父母提一些问题，有些问题父母都无法回答。

这一天，理查德又缠住妈妈问问题，他问妈妈："妈妈，为什么太阳一定在白天出现，而月亮一定在晚上出现呢？"妈妈一时想不出如何回答，就说："对不起啊，宝贝，妈妈也不知道。"理查德对妈妈这样的回答有些失望。

他又向爸爸提问："爸爸，天上的星星一共有多少颗呢？"爸爸回答说："天上的星星是无穷无尽的。""无穷是多少呢，是一万、十万，还是百万？""无穷就是多得数不清。""为什么数不清呢？"爸爸有些不耐烦了，说："就是没法数，这些问题等你长大了

就明白了。"理查德被爸爸的语气吓到了，从此，他似乎很少再发出这样的提问了。

宋姐爱心课堂

宝宝在幼年时期的心理发展，特别是智力发展非常重要。像故事中的理查德一样，很多宝宝都喜欢缠着大人问问题。宝宝爱提问说明他有强烈的求知欲。对于孩子的提问，父母要耐心地为他们解答，并且要用简单易懂的话语进行解释。

理查德的妈妈虽然对孩子很有耐心，也很和善，但她是一位没有想象力的妈妈，她其实可以这样回答宝宝："因为太阳公公要在白天为人们带来光明，而晚上大家都要睡觉了，月亮姐姐淡淡的月光能让大家睡得更安稳。"这样的回答虽然缺乏科学依据，但却容易让幼儿期的小朋友理解与接受。而理查德的爸爸显然耐心不够，调查研究发现，父母对问题避而不答的态度容易导致孩子失去思考问题的热情。

当父母用不正确的态度回答孩子的问题，孩子会觉得他的思考和提问是错误的，会惹爸爸妈妈生气，时间久了孩子就不愿意思考了。这样一个原本热爱思考的聪明宝宝可能就会变成缺乏独立思考能力的"懒惰"宝宝了。因为父母缺乏耐心而给孩子造成这种后果，岂不是得不偿失嘛。

西尔斯支招DIY

孩子总是对新鲜事物充满好奇心，急切地想了解这些新事物，于是他们就会有很多的问题。这时，父母要给宝宝一个正确而又简单易懂的回答。那么，如何对待宝宝的问题比较好呢？

1.重视宝宝的提问

宝宝在参与了一定的学习活动和游戏之后，经常会提出很多的问题。此时父母不能采取敷衍的态度，这样容易挫伤宝宝思考的积极性，同时会影响宝宝的学习积极性，进而影响他们的智力发展。

2.反问宝宝问题

父母不一定要直接解答宝宝的每个问题，可以给予宝宝启发或引导性的反问，让宝宝学会自己动脑筋。同时，也能提高宝宝的思考能力，让他有自己的思想。提出反问不仅能激发宝宝的学习兴趣，还能让宝宝爱上讨论与思考。

3.童话式的回答

宝宝提出的问题难度较大，父母解释了但孩子仍然理解不了时，父母最好采用童话的形式，给孩子一个美好的想象。

4.答案要能够启发宝宝

如果宝宝问："台灯上的小灯泡怎么不亮了？"父母可答："也许是停电了，你觉得呢？"巧妙启发，宝宝会认真思考："那也可能是小灯泡坏了，或者是台灯坏了……"这样回答宝宝，对他的智力、思考能力和观察能力的培养都有好处。

5.与宝宝一起学习

父母有时也不能完全解答孩子奇奇怪怪的问题。父母可以与孩子一起翻书、查资料，用简单易懂的语言向孩子解释。这样可以培养孩子养成查书或字典的好习惯，以后他也可以自己找到答案了。

西尔斯小语 ♡

孩子会提出千奇百怪的问题，甚至有些根本没法回答，但是父母也要为孩子尽量寻找一个合理的答案。对孩子的提问千万不能笑而不答，更不能说孩子的问题是不对的，这样容易挫伤孩子的积极性和好奇心。

勇气是孩子面对困难的最有利的武器。

——西尔斯名言

阅读时间：30分钟　　受益指数：★★★★★

第四章 迈进幼儿园，宝宝要独自飞翔（3~6岁）

打破溺爱的枷锁

每个人的成长都不可能是一帆风顺的，现在的孩子遇到困难、坎坷时，多数都是父母替他们解决。这样容易导致孩子们遇到问题时首先想到的是父母，而不是试着自己去解决。他们害怕失败，没有勇气面对挫折。

故事的天空

艾玛的父母从小就对她照顾得无微不至，喂她吃饭、帮她穿衣、给她洗澡，直到艾玛成长到已经能够自己完成一些事的年纪的时候，父母仍然不放心她一个人做。这种"所有事都包在我们身上"的培养方式养成了艾玛懒惰并且依赖父母的性格，甚至连刷牙洗脸这样力所能及的小事她都要等爸爸妈妈来帮她完成。遇到爸爸妈妈有事不在家，她就会慌得六神无主。

艾玛刚开始学走路的时候，经常因重心不稳而摔倒，她的父母不是鼓励她自己站起来，而是急忙抱她起来，一副很是心疼的样子。

另外，艾玛还是一个生性害羞的小女孩。家里来了客人，或是父母带她出去参加宴会，她遇到陌生的叔叔阿姨都不好意思打招呼，每次都要躲

到爸爸妈妈身后不敢露出脸来，也常常弄得爸爸妈妈非常没有面子。艾玛也不敢和附近的小朋友一起玩，总是一个人闷在家里。

宋姐爱心课堂

宝宝在成长的过程中，会遇到很多需要他自己解决的难题。父母们不要认为宝宝还没有到能独立解决问题的年龄，或是还没有处事的知识和经验。当一个难题出现在宝宝面前，要放心让宝宝一个人解决，不要凡事都替他做好，要给宝宝一个锻炼的机会。在宝宝没有经历挫折之前就将他们救出困境，会导致宝宝永远都长不大。

故事中艾玛的父母就是溺爱孩子的典型代表。他们从艾玛很小的时候就开始为她做一切事情，实际上是剥夺了艾玛学习自主生活能力的权利。过于依赖父母的孩子性格也会很不开朗，这对孩子以后的人际交往会造成很大困扰。父母不可能是孩子一辈子的依靠，等到孩子长大后还想着依靠父母，而不会独立生活，那么他一辈子都不能健康幸福地生活。

因此父母在该放手时一定要大胆放手，父母要相信孩子有独立解决困难的能力，不要怀疑孩子的智力和思考能力。要坚信通过正确的教育方式培养出来的孩子，小小年龄也能办大事！

西尔斯支招DIY

有勇有谋才是真正优秀的孩子。家长只有适时地放手，让孩子自己动手，才能培养孩子的勇气。

1.宝宝要有自信

勇气来源于自信。所以，父母要注意培养宝宝"自己的事情自己做"的信心，如让宝宝自己穿衣、收拾玩具、吃饭等。宝宝在尝试的过程中熟能生巧，会对自己越来越有信心。如果宝宝一直做不好，父母不要急于帮助，而是要鼓励宝宝学会自己克服困难。

2.宝宝要见多识广

一个人见识多了自然会独立思考，也会有解决困难的智慧和勇气。父母应带宝宝从小参加各种活动，让宝宝了解各种场合的礼仪要求。时间久了，宝宝就能大方地待人处事，也能够自己解决困难了。

3.宝宝要懂得爱

一个懂爱的人会很坚强并有责任感，自然也会有勇气。因此父母在生活中要注意培养宝宝对他人和社会的爱心。勇敢和爱心结合在一起，才是真正强大的勇气。

4.尝试不同方法

一种方法解决不了困难，要鼓励宝宝多动脑、多尝试，灵活多样的解决困难。例如，让宝宝推箱子，宝宝因为太重推不动，该怎么办？这时候可以让宝宝先拿出箱子里的东西，再试着推。

西尔斯小语

孩子勇气的培养要从生活中的小事开始。要想让孩子将来拥有独立、健康的生活，父母就要在孩子小的时候敢于放手，懂得给孩子锻炼的机会。让孩子在磕磕碰碰、跌跌撞撞中长大，这样的孩子将来面对问题时才不会退缩。

爸妈私房话

注意力的持续时间及专注水平，与孩子的气质、当时的身心状态以及外界的环境等很多因素有关。

——西尔斯名言

阅读时间：30分钟　　受益指数：★★★★

专心致志干完一件事

有些父母抱怨孩子做事总是半途而废，很难完完整整做完一件事。其实，孩子这样的行为与父母平常的教育有着很大的关系，可能孩子正在专心地研究某个东西时，父母却喊他做别的事情，经常打断孩子的思维，这就导致了孩子做事不能专心致志。

故事的天空

卡尔兴奋地拿着妈妈新买的积木，摊在床上搭起来。但是没玩几分钟，他就又去做别的事情了。

刚开始，父母没有在意。但是后来，妈妈发现卡尔无论做什么事情都只是三分钟热度，不能专心做完一件事情。

玩玩具如此，卡尔做别的事情也总是没有长性。

卡尔已经上幼儿园大班了，但是从来都不能做到专心听讲。不是东张西望，就是在桌子底下玩。

有时候甚至会在课堂上跑来跑去，停不下来。只要周围有一点儿动静，就能吸引他的注意力。卡尔对任何事情都不能从一而终，很难顺利完成，这让父母和老师都感到很头疼。

宋姐爱心课堂

　　大多数儿童受年龄和心智发展的限制，经常改变自己的兴趣爱好，好奇心很强，但又不深入探索。可以把孩子的兴趣比作三伏天气，就像谚语所说"三伏天娃娃脸，说变就变"。在探索兴趣的道路上，孩子如果一有困难就退缩，就会阻碍其自身成长。

　　研究发现，孩子保持时间短的兴趣就是他们不擅长的。家长明白了这一点，就应认真考虑如何对孩子进行引导，从而保证方向的正确性。此时，家长首先要判断孩子是否先天能力不足，如果是，就降低要求，做相关训练；如果不是，就是后天经验不足，要做好对应训练。

　　和卡尔的父母有一样苦恼的家长，需要了解孩子不能专心的原因以及他的兴趣所在，不能对孩子彻底失去信心，更不能斥责和打骂孩子。

　　另外，孩子不能正确评价自己，站在此山望彼山，也会导致注意力不集中。由于孩子年龄上的不成熟，兴趣往往只达到"喜欢"的程度，个人能力和性格是否合适不在他们的考虑范围内。这样脱离实际的后果就是使孩子兴趣发展不畅，最终导致兴趣消退。另外，家庭因素也有影响。比如，一些家庭成员的成分比较复杂，大家各持不同的教育观点，也会造成孩子注意力不集中。

西尔斯支招DIY

　　儿童做事往往不能从一而终，三天打鱼，两天晒网，这让家长感到很担心。那么，父母为培养孩子的专注力该做些什么呢？

1. 不打断孩子的专注行为

　　孩子画画，父母把他想象成一个画家在作画；孩子观察动植物，父母把他想象成生物学家在研究动植物；孩子拆装玩具，父母把他看作工程师在工作；孩子往水里扔东西或沉或浮，父母把他看作是科学家在做一项重大的实验……父母这样做之后，孩子一定能坐得住凳子，一定会安静专注。

2.为孩子制订合适的目标

父母为孩子制订合适的目标,可以让孩子养成坚持不懈的好习惯。孩子在体会成功的同时也能感受到奋斗的乐趣,这样下去孩子才会有继续探索和努力的动力。

3.安静专注的环境很关键

例如,孩子要玩玩具,可以一次只给他一个玩具,而不是一堆玩具;孩子想看书,可以一次只给他一本书,在看完之前不能换。要知道,如果孩子有太多选择,反而会无从选择,就会一会儿做这个,一会儿做那个,结果养成了注意力不集中的坏习惯。

西尔斯小语 ♥

> 父母要牢记培养孩子坚持不懈的好习惯不是一蹴而就的。通常,越小的孩子越难以集中注意力,做事也不能坚持。对此,父母不能着急,要及时鼓励孩子,哪怕孩子的进步只是一点点。要知道,父母的肯定以及赞许的眼神是对孩子最好的鼓励。

爸妈私房话

每个家长都希望对孩子进行全面培养，但事实上是不可行的，父母要学会教孩子进行取舍，教会孩子认识自己，了解什么才是孩子真正想做的事情。

——西尔斯名言

阅读时间：25分钟　　受益指数：★★★★

鱼和熊掌不可兼得

父母都希望自己的孩子懂得多、会得多，希望自己的孩子是个全才。孩子小时候兴趣广泛，什么都愿意尝试，而且父母也愿意尽量满足孩子。最后，孩子似乎什么都懂那么一点儿，什么都知道，但是对哪个又都不精通。

故事的天空

弗拉的爸爸妈妈给他报了很多的兴趣辅导班，有小提琴班、绘画班、英语班。开始的时候弗拉很好奇，但是时间一久，弗拉就再也不想上兴趣班了。每天，弗拉的妈妈都会逼着弗拉拉小提琴、坐在书桌前画画，还要每天检查弗拉对英语单词的掌握情况。

其实弗拉最喜欢上绘画课了，但是妈妈每天让弗拉连续几个小时都要练琴，让他没有太多的时间练习画画，这让他很苦恼。妈妈小时候的愿望是做一个小提琴家，虽然学习多年，但是并没有天赋，所以就将这个愿望寄托在孩子身上，给弗拉选好了人生道路。

妈妈的做法让弗拉越来

越反感,他的小提琴也没有丝毫进步,妈妈常常责怪他没有上进心,弗拉则反驳道:"我喜欢的是画画,你非要让我练琴。"

到底是选择小提琴,还是绘画呢?其实不如让弗拉自己做选择。带着痛苦的心情练习小提琴,将来怎么会成为小提琴家呢?弗拉还小,妈妈没有必要这么早就规划他的人生轨迹,而应该让他自由地成长,拉小提琴也好,绘画也好,每天学习一点儿,真正去培养他的兴趣。

宋姐爱心课堂

父母在教育孩子的过程中,要多给孩子选择的机会。在生活中,培养孩子自主判断、选择和取舍的能力。如果我们多给孩子选择的机会,孩子会感受到父母对他们的尊重、信任,并会产生自信和成就感。虽然他们还很小,但他们也渴望自己有选择的权利。

父母可能认为孩子太小,没有认知能力,不知道什么是好,什么是坏。但可以让孩子决定到什么地方去玩,穿哪件衣服,还可以让孩子安排自己的活动。在坚持原则的情况下,父母应该尽量采纳孩子的意见。其实,一个只有1岁的孩子,对父母已经具有了反抗意识,能够自己做出判断和选择。父母可以借此机会,帮助他们建立自信心及培养生活自理能力。父母可以为孩子提供多种选择,让孩子做出判断。

孩子在选择的时候,可能会犹豫,这个时候父母要有耐心,给孩子反应和思考的时间,耐心地等待孩子的回答,这也是父母对孩子尊重的一种表现。有时候孩子在思考的过程中,注意力会转移,所以父母要适当地重复问题,并加以引导,让孩子进行选择。

西尔斯支招DIY

通过对孩子的早期教育,父母能够帮助孩子找到对他有益的爱好。在学习中,孩子才能够感受到自由、乐趣。

1.父母不要过高要求

父母不要要求孩子将所有的爱好都做到最好,这根本没有必要,而且实行起来很困难。父母要认识到孩子不是神,不能什么都做得好,他是有缺点的。

2.鼓励孩子学习艺术，而不是强迫

音乐和画画能够增强孩子的想象力和创造力，但是不要强迫孩子当一个艺术家。除非孩子自己愿意当一个艺术家。

3.根据孩子的情况和环境帮助孩子选择

有时候孩子可能会迷上不适合自己和社会的事物，比如孩子要当个勇士上战场，但现代社会的情况已经发生了根本的改变。这个时候父母就要帮助孩子把兴趣转移到其他的事物上去。

4.根据孩子的潜能和兴趣因材施教

孩子在小的时候认为，只要坚持，什么都能实现，但是实际上人却受到很大的限制。父母不要高估孩子的能力，在孩子无法认识自己的情况下，要帮助孩子从毫无希望的事情中跳出来。

5.教会孩子学会舍弃

父母要教会孩子在很难的事情上学会争取，但是如果实在不行，要学会勇敢地放弃。这是一种考验，每个人都要做出选择。放弃不是懦弱的表现，而是为了以后能走得更远。

6.孩子没做好，不要失望

父母送孩子去学习小提琴、绘画，希望孩子能弹出美妙的音乐，画出优美的图画，但孩子难免会达不到父母的要求，所以不要对孩子弹错了音符、画得很差表示失望，因为弹钢琴、绘画的过程就已经开发了他的智力。

7.教会孩子发挥长处

每个人都有自己的长处，父母要及时发现并鼓励孩子发挥长处，帮助他进一步提高。

西尔斯小语 ♡

教会孩子正确的取舍，这样孩子无论在什么地方、什么时候都能做出正确的选择，把握住自己的人生方向。

第五章

西尔斯情商提高法

游戏是所有孩子都必不可少的童年经历。对于婴幼儿来说，学习能够让他得到的知识远不如游戏来得多，游戏是自主的，学习往往都是被动的。西尔斯说过，他从来不愁孩子不学习，因为他将对孩子能力的培养都融入游戏中，绝对称得上是寓教于乐。

小游戏培养宝宝的创造力

01 神奇之旅

游戏目标： 通过做游戏的方法，培养孩子的想象力和创造力。

适应年龄： 2~5岁

游戏时间： 10分钟

受益指数： ★★★☆

游戏用具： 毯子

游戏方法：

1. 让孩子坐在一张比较柔软的地毯上，然后询问孩子想要去的地方，鼓励他们去想象。

2. 如果孩子想要去动物园，那么父母可以问他，"动物园里我们可以做什么？""我们可以看到什么？""那里都有什么动物？""有什么纪念品可以买呢？"

3.游戏反复进行，鼓励孩子多多思考。

拓展游戏：孩子说出自己想要去的地方时，家长还可以这样做：
1.家长可以准备好相关的图片或者是视频等。
2.让孩子根据他所想要去的地方，看图识景。如，孩子想要去动物园，家长就可以拿着动物的图片，让他们识别每一个动物，辨别每种动物不同的特征。

小语 ♡

> 一般情况下，两岁的小宝宝就已经拥有再造想象力了，作为父母，应该尽量满足他们对未知世界的探索欲望，充分激发他们的好奇心，鼓励引导他们对新事物进行观察和认识，由此培养宝宝的想象力。3~5岁的孩子，在培养想象力的过程中，主要以再造想象力为主，其次是想象的独立性、新颖性成分也逐步增加，然后才会出现真正的创造想象。

02 制作鱼风筝

游戏目标：通过制作风筝的游戏，来培养孩子的动手能力和创造力。

适应年龄：5~7岁
游戏时间：20分钟
受益指数：★★★☆☆
游戏用具：线若干、玉米片盒或厚纸板、面纸、马克笔、胶水、卫生纸、订书机、剪刀、打孔机

游戏方法：

1.父母准备好所需要的材料。

2.鱼风筝最为主要的特点便是有一个可以供拉放操作的"龙头"。制作龙头的时候，先要从厚纸板或者是空玉米片盒中剪出一个长约50厘米、宽约3厘米的长条。

3.用订书机将长纸条的两端合钉起来，形成一个长约46厘米的环状。然后再用打孔机在圆圈上打四个距离相等的洞孔。用线从4个洞孔穿过，每一条线在穿过龙头后所留下的长度要在18厘米之上，以便将4条线居中聚合后打结。

4.再用另一条线系在4条线的打结处。这一条线主要就是为了控制风筝的飞翔速度和方向。

5.在制作鱼身的时候，将卫生纸长的一端对折，做成一个宽25厘米、长64厘米的长方形。孩子可以根据自己的想象力，任意装饰鱼身的两侧。

6.鱼风筝装饰完成后，把鱼的嘴部粘在龙头上，最后再用卫生纸长端的两侧黏结起来，做成鱼身。

7.鱼风筝做好后，父母可以领着孩子一起玩，让孩子尽情享受创造的快乐。

拓展游戏： 孩子在装饰鱼骨两侧的时候，父母可以这么做：

在让孩子装饰鱼身的时候，父母可以给孩子提供一些鱼类的照片，鼓励孩子根据自己所喜欢的鱼种，来装饰自己的风筝。

> **小语** ♡
>
> 5岁孩童的自主想象力已经有所发展，所以父母要根据此种情况，有意识地培养孩子的创造力，要充分调动孩子的理解能力、感知能力等，将孩子的想象力和创造力有机地结合起来。

03 我有一把小弓箭

游戏目标：通过做弓箭的游戏，来培养孩子的创造力。

适应年龄：3～6岁

游戏时间：10分钟

受益指数：★★★

游戏用具：线若干、塑料管、棍棒、剪刀。

游戏方法：

1. 家长准备好所需要的材料和工具。

2. 准备好一根细长的木棍，用线绑在木棍的两端，然后用力压挤成弓形。

3. 将塑料管的一端剪成V形切口，做成所要用的箭矢。为了安全起见，家长在每一根未剪成V字形的塑料管的一端缠上胶带。

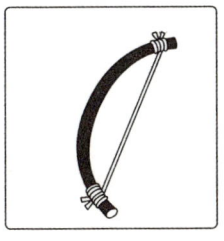

4.所有工具准备齐全后，就可以让宝宝去屋外享受趣味游戏了。

拓展游戏：

父母在制作小弓箭的时候，可以这么做：

要告知孩子弓箭的作用、玩弓箭时的注意事项。还可以收集一些古时候弓箭的图片，给孩子讲解古时弓箭英雄的故事，以拓展孩子的知识面，让孩子开始了解历史。

小语♡

创造力也就是所谓的创造性思维的能力。虽然在婴幼儿时期的孩子的创造性思维能力已经有所表现，但是却并不明显，也不稳定。所以，父母在培养婴幼儿创造能力方面起着很重要的作用。为了更好地培养孩子的创造力，早期教育是极其重要的，父母万万不可忽视。婴幼儿时期是大脑潜能、智商、情商、性格培养的黄金期，孩子6岁之后，大脑就会完成发育的65%，所以，孩子6岁之前，一定要多多开发孩子智力，培养孩子的各种能力。

04 制作小小降落伞

游戏目标： 用一张床单，通过父母们的配合，让孩子体验降落伞的乐趣。

适应年龄： 2～5岁
游戏时间： 10分钟
受益指数： ★★☆
游戏用具： 床单

游戏方法：

1.所有的成员都坐在一起，围成一个圈，每个人抓着床单的一角，制作波浪。

2.让孩子坐在床单的中央，所有人继续制造波浪。也可以站起来，拉着床单，让孩子坐在床单上，在地板上来回拖着走。或者让孩子站在圆圈的中央，大人们高举着床单，让床单自由的落下，看看谁能够在床单掉下来之前躲开。

拓展游戏：

在做降落伞游戏的时候，家长可以这么做：

1.拖着孩子在地上行走，让孩子说说自己的内心感受。

2.用床单演示跳伞人员跳伞的过程中要给孩子讲解所要注意的事项。

3.给孩子看降落伞的图片，让孩子充分发挥自己的想象力，制作一个自己的降落伞。

小语

人的创造力的发展开始于婴幼儿期，幼儿时期和学前时期是培养孩子创造力的关键时期。根据相关的研究和报道，4岁孩子的创造力思维是最活跃的，到了5岁之后，创造力思维的活跃度就开始慢慢下降。所以，从孩子小时候开始，家长就应该有意识、有目标地培养孩子的创造力。

第五章 西尔斯情商提高法

05 我是洗衣机

游戏目标： 通过此种游戏，可以激发孩子的想象力，锻炼其动手能力，与此同时还培养了孩子的创造力。

适应年龄： 3～6岁
游戏时间： 20分钟
受益指数： ★★★☆
游戏用具： 洗衣机、电脑等电器

游戏方法：

1.选择几种孩子比较熟悉的电器，例如洗衣机、电脑等。

2.和孩子讲解一下电器是如何工作的。比如，妈妈将脏衣服放在洗衣机里，按下"开始"按钮后，洗衣机就会"嗡嗡"地转起来，没过多久，衣服就洗好了。

3.让孩子模仿洗衣机的工作。

4.模仿完毕之后，再选择另一种电器重复这个游戏。

5.妈妈应该鼓励孩子的每一次模仿。

6.孩子每认识一种电器后，妈妈就可以用这样的方法和孩子做游戏，加深其对电器使用的理解。

拓展游戏：

孩子在模仿电器工作的时候，妈妈还可以这么做：

1.孩子在模仿洗衣机工作的时候，妈妈可以问孩子每一种模仿动作的内容。比如，孩子在"嗡嗡"的时候，可以问"你在做什么呀"，孩子可能就会答"我在洗衣服啊"。

2.在模仿的时候，父母要给孩子讲解使用电器的注意事项，怎样操作是正确的，怎样操作是错误的、有危险的。

3.孩子会辨别几种电器的时候，父母可以交叉提问。比如洗衣机是怎么工作的，电冰箱是怎么工作的，以此来训练孩子的反应能力。

小语 ♡

在模仿电器工作的时候，我们不能要求孩子的每一个模仿行为都是合乎情理的，更不要期待孩子的每一个动作都是准确无误的。我们在挖掘孩子创造力的同时，并不代表不允许孩子出现错误，而是要和孩子一起面对，让孩子明白其中的道理，便于纠正其错误。

06 大家一起玩变形金刚

游戏目标： 通过变换队形，锻炼孩子的应变能力和识别能力。

适应年龄： 3～6岁

游戏时间： 25分钟

受益指数： ★★★★☆

游戏用具： 纸片

游戏方法：

1.首先，妈妈在纸上分别画出长方形、圆形、三角形、方形等形状。

2.游戏开始后，妈妈抽出任意形状，让参与游戏的小朋友相互配合，摆出这一形状。

3.例如，妈妈出示的是圆形，然后规定孩子在10个数之内创造出一个圆形来。

4.如果孩子不太明白大人的意思，大人可以给一点儿暗示，比如用双手食指、拇指围成一个圆形；双臂弯曲，形成一个圆形等。

5.让孩子摆出不同的形状。

6.这个游戏需要一个大的活动空间，可以找一块比较安全干净的草坪来做游戏，这样孩子的发展空间和创造空间比较大，可以让孩子发挥出更多的创意。

拓展游戏：

在做游戏的时候，父母还可以这么做：

1.父母在画图形的时候，一边画一边可以询问孩子："这是什么图形？"

2.做游戏的时候，除了让孩子摆出所列出的图形外，还可以让孩子指出周围相关的图形。

3.摆出一个图形后，让孩子回想一下生活中所见到的相关物体。比如圆形，父母可以问："在你的生活中，还有哪些事物是圆形的呢？"孩子们可能会说"足球""篮球"等。

> **小语** ♡
>
> 孩子的创造力和大人的创造力有所不同。你要知道，每一个孩子都是天才的创造者，是独一无二的。在大人们心中只有一个形状的圆，孩子们可能会摆出很多种：有竖着的圆，有横着的圆，有分裂的圆，有重叠的圆，甚至还有看不到的"虚拟圆"等，这些都是孩子们创造力的表现。

07 自己制作玩偶

游戏目标：制作小玩偶，可以引导孩子认识身边物品的新功能，可以提高孩子的创造力。

适应年龄：3~5岁

游戏时间：10分钟

受益指数：★★★★☆

游戏用具：一双旧袜子、马克笔、胶水、水彩

游戏方法：

1. 准备好所需要的材料。
2. 把手套进旧袜子中，找好画玩偶脸的最佳位置。
3. 把袜子褪下后，让孩子用马克笔在袜子上画出自己心中的小玩偶。
4. 和孩子一起动手，用美工材料来妆扮他所画出来的玩偶脸孔。
5. 等到胶水干了之后，袜子玩偶也就成功了。父母可以和孩子一起把玩偶戴在手上，分角色扮演，以此来增加游戏的趣味性。
6. 最后，游戏结束后，和孩子一起整理游戏道具。

拓展游戏：

在制作玩偶的过程中，父母还可以做这些：

1.在涂抹色彩之前，要让孩子认清楚每一种颜色，比如头发是什么颜色？眼睛又是什么颜色？

2.旧袜子可以制作玩偶，父母还可以拿其他的物品，告诉孩子它们的新功能。比如，饮料盒可以制作成笔筒，纸张可以制作成小花儿等。

小语♡

用旧袜子制作小玩偶，不仅可以培养孩子的创造力，而且能够旧物利用，在节省成本的同时，还能够带给孩子无穷的乐趣。

小游戏培养宝宝的想象力

08 我是一片小树叶

游戏目标：通过观察风吹树叶的情形，让孩子充分发挥其想象力，想象在风大小不同的情况下树叶的变化。

适应年龄：3~6岁

游戏时间：20分钟

受益指数：★★★☆

游戏用具：铃鼓

游戏方法：

1.活动之前，父母要引导孩子观察风吹树叶的情景，并且要准备好一个铃鼓。

2.父母对孩子描述风吹动小树和树叶的情景，让孩子用动作将自己心中的感受表达出来。比如："风吹动小树，小树会有什么样的表现呢？"这时候，孩子就会学着小树，在风中摇晃。父母扮演"风"的角色，孩子则扮演"小树叶"。风发出指令，树叶做出相应的反应。

3.父母用摇铃鼓的方式，来告诉孩子风的大小。

4.父母轻轻摇动着铃鼓，说："起风了。"那么孩子就可能会轻轻地摇晃，代表风的来临。

5.父母又快速地摇着铃鼓，说："刮大风了。"那么孩子就会快速地晃动身体，或者是急速奔跑，以此来表示风大了。

6.父母说："旋风来了。"孩子就会在原地转圈。

7.最后，父母应该依据孩子的身体情况来控制孩子的活动量，一定要注意孩子活动的节奏变化，不要过度运动。

拓展游戏：

孩子在做树叶游戏的时候，父母还可以这么做：

在练习风吹树叶的时候，父母可以给孩子额外讲解风的相关知识。比如十级大风能够吹走房顶；刮大风时，如果在户外，不宜走在高大建筑物的旁边。

小语

孩子的知识、经验都要比成人匮乏，但是想象力却是极其丰富的。孩子每天的生活和游戏几乎都是建立在想象力上的。可以这么说，孩子的世界就是游戏的世界，也是想象力支撑的世界，所以家长要培养孩子的想象力，拓展孩子的思维能力，给孩子创造一个想象的空间。

09 我来编故事

游戏目标： 给孩子一定的素材，让其根据自己的想象来编出属于自己的故事。

适应年龄： 4~7岁

游戏时间： 25分钟

受益指数： ★★★★☆

游戏用具： 帽子、鞋子、项链、玩具听诊器、照相机、电话等

游戏方法：

1. 家长在桌子上摆好所需要的道具。

2. 让孩子认识每一种道具，并且让其猜猜那些道具的主人都是谁，比如："这个听诊器是谁用的呢？"

3. 然后让孩子用盒子里面的东西编一个故事。虽然孩子所说的故事可能不连贯，也没有什么逻辑性，但是作为父母应该及时地给予孩子引导和鼓励，充分培养孩子的想象力。

拓展游戏：

在孩子编故事的时候，父母还可以这么做：

1. 通过孩子的故事，来引导出下个问题。比如，桌子上放着一顶白色的帽子，孩子可能会讲一个厨师的故事。这时候父母可以说："除了厨师，还有谁的帽子是白色的呢，这种人在医院工作，可是又不是医生。"孩子就会知道是护士。

2. 孩子在编故事之前，可以让其想象一个与之有关的故事。比如看到水晶鞋就想到了灰姑娘。

小语 ♡

孩子在很小的时候，就喜欢编故事、讲故事，有时候他们会讲给小伙伴听，有时候也会讲给自己的爸妈听，有时候是自言自语。这个时候，父母不能阻止，因为这既能锻炼宝宝的表达能力，也能够发展宝宝的想象力。父母也不能够冷言冷语，而是要适时地给予鼓励和赞扬。这样一来，孩子的想象力就会变得越来越丰富。

10 会变的影子

游戏目标：激发孩子对影子现象探索的兴趣，引导孩子从不同的光照角度来判断影子长短变化的关系。

适应年龄：5～7岁

游戏时间：20分钟

受益指数：★★☆

游戏用具：手电筒、布娃娃

游戏方法：

1.给孩子一个手电筒，把手电筒打开，置于娃娃的左边，娃娃的右边便出现了一个黑黑的影子。然后再把手电筒放在娃娃的右边，这一次娃娃的左边出现了影子。再把手电筒置于娃娃的顶部，看看娃娃的影子在哪里呢？

2.手电筒距离娃娃远一些时，影子就会变长，再远一些，影子就会变得更长，而如果手电筒和娃娃离得近一些的话，影子又会发生什么变化呢？

3.在晴天的时候，父母可以带着孩子去户外观察太阳的位置，并且在地上画出影子和脚印。三个小时之后，再让孩子站在脚印的位置，看看影子是否还是一样，并且引导孩子想想为什么。

第五章 西尔斯情商提高法

拓展游戏：

在做影子游戏的时候，父母还可以做这些：

1.可以充分利用影子，和孩子进行手影游戏。不仅能锻炼孩子手部的灵活度，还有利于发展他的想象力。

2.比如在游戏的时候，父母可以询问孩子"影子是什么颜色的""为什么会出现影子"。

小语 ♡

影子是一个非常好的游戏道具，变幻多端的影子能让孩子感到生动有趣，同时，引导孩子注意影子的变化，让孩子充分发挥自己的想象力，了解影子的有趣知识和含义。

11 鞋盒万花筒

游戏目标：星星是最富有想象力的事物，通过"浩瀚的星群"来培养孩子的想象力。

适应年龄：2～6岁
游戏时间：15分钟
受益指数：★★★★
游戏用具：胶水、颜料、打孔机、鞋盒、水彩笔、剪贴纸

游戏方法：

1. 父母准备好需要的道具。

2. 首先，父母找出一个旧鞋盒，在其一端剪出一个可以窥视的洞眼，然后让孩子在鞋盒内部画上夜空的景象。

3. 等颜料完全风干后，父母再帮助孩子在鞋盒内的另一端上，标示出她喜欢的星座群。

4. 用打孔机在每一颗"星星"的位置打个小洞。

5. 为了让效果更好一些，父母可以在鞋盒外部涂上黑色的颜料。随后，让孩子用剪下的图案，贴上星星和星球。

6. 将鞋盒放在有光的地方，通过洞眼观看星座群，当光线穿过洞孔的时候，所画的星座群都会清晰地显现出来。

7. 等到夜晚来临的时候，父母可以尝试着和孩子一起在夜空找出自己制作的那个星群。

拓展游戏：

在做鞋盒万花筒游戏的时候，父母还可以这样做：

1. 给孩子一个星座群的画册，让其模仿着画册上的内容来装饰万花筒。

2. 给孩子提个问题，比如："在你见过的东西中，还有哪些和星星比较相似的呢？"

小语 ♡

星空最能赋予孩子想象力，给孩子一个万花筒，让他成就自己的世界。孩子的想象力主要体现在游戏中，他的游戏越复杂，就说明孩子的想象力越丰富，相反游戏越简单，孩子的想象力也就越贫乏。万花筒就是一个相对复杂的游戏，通过这个游戏，可以发展孩子丰富的想象力，有助于他更好地了解周边的环境和世界。

12 吹画真有趣

游戏目标： 通过吹画来培养孩子的想象力。

适应年龄： 2～5岁

游戏时间： 20分钟

受益指数： ★★★★

游戏用具： 图纸两张、装有水彩颜料的滴管瓶（眼药水空瓶）两只

游戏方法：

1. 父母事先准备好所需要的道具。

2. 家长用滴管把水彩颜料滴在一张纸上，然后用嘴轻轻地吹，边吹边滴颜

料，让颜料在纸上变成各种形状。作品完成后和孩子一起仔细观看，看看纸上的图画像什么。

3. 家长鼓励孩子学习吹画，然后让孩子仔细想一下，要把水彩吹成什么形状，随后，父母再在第二张纸上滴水彩颜料，一边吹自己想象的形象，一边引导孩子想象。

4. 作品完成后，父母要和孩子一起欣赏画作，表扬孩子做得好的地方，并且指导孩子下一次如何才能吹得更好。

5. 第一次吹画的时候，可以用一种颜色，几次之后再选择两种以上的颜色。

拓展游戏：

在吹画的时候，父母可以这么做：

1.比如想吹一只猫，那么父母可以询问孩子："猫有几只耳朵啊？"

2.在吹画的同时，让孩子说出自己所使用的颜色。

小语♥

孩子好奇心比较强，对什么事物都有着浓厚的兴趣。吹画能够训练孩子的模仿能力，还能够让他们认识画笔以外的作画方式。孩子们在自己的想象下，吹出形态万千的画作，有利于孩子的观察能力、想象能力和表达能力的训练，从而帮助孩子更好地认识世界、了解世界。

13 过家家

游戏目标： 培养孩子的注意力、观察力、听力、想象力。

适应年龄： 2~7岁
游戏时间： 30分钟
受益指数： ★★★☆
游戏用具： 玩具娃娃、袜子、鞋子、玩具餐具

游戏方法：

1. 父母给孩子准备一个玩具娃娃，这个玩具娃娃一定要精细一些，也就是玩具娃娃的头发可以供孩子梳、扎等；眼睛要会动，玩具娃娃的衣服能够脱下、穿上；玩具娃娃还有自己的袜子、鞋子等。这样一来，在玩游戏的时候就比较方便。最后，还要给孩子准备一套玩具餐具。

2. 游戏开始的时候，父母一边玩着过家家，还要一边讲解，然后让孩子在一边看着。

3. 父母在做动作的时候，一定要缓慢、细致，例如在给娃娃穿衣服、系扣

子、穿袜子、穿鞋子、扎头发的时候，动作一定要慢，要能够让孩子看清每一个步骤。最后再用玩具餐具给娃娃喂饭。

4.喂完饭之后，父母对孩子说："宝宝，我们已经为娃娃喂饭了，它现在要去玩了，你给娃娃换衣服，我们出去玩。"

拓展游戏：

在玩过家家游戏的时候，父母还可以这样做：

1.在给娃娃穿袜子之前，可以让宝宝自己演示一遍穿袜子，然后让其知道穿袜子的要领，再给娃娃穿袜子。

2.准备出去玩的时候，可以征求孩子的意见。比如："要带着娃娃去哪里玩？"如果宝宝选择的地方比较危险，父母也可以这么说："那个地方不能去，娃娃太小，等它长大了才可以。"

小语 ♡

过家家游戏可以培养孩子的想象力。在游戏中，孩子依靠丰富的想象来变换道具的功能。例如，一个小盒子，他能够把它当成凳子、电视机，还能够将它当作桌子等。游戏中的人物也是随时变化的。一会儿可以是爸爸，一会儿可以是老师，一会儿可以是学生，一会儿可以是医生，还有可能是警察等。游戏的情节更是可以千变万化的，过家家中的几样玩具就可以让孩子进入一个充满幻想的世界，有助于孩子想象力的发展。

小游戏培养宝宝的专注力

14 后背上的字

游戏目标： 在后背上写字，可以锻炼孩子的专注能力，培养孩子的耐心。

适应年龄： 3～5岁
游戏时间： 10分钟
受益指数： ★★☆
游戏用具： 人

游戏方法：

1. 父母用手指在孩子的后背上书写数字或者是简单的汉字等。
2. 如果孩子猜不出来的话，父母可以放慢书写的速度，多重复几次。
3. 如果孩子能够猜得出，那么父母可以调换角色，让孩子在自己的后背上写字，父母来猜。
4. 汉字或者是数字可以由简到难，逐步增加其难度。

5.也可以让孩子闭上眼睛,在他的手心里写字,让孩子来猜。

拓展游戏:

在玩猜字游戏的时候,父母可以这么做:

1.在玩猜字游戏的时候,父母可以适当地增加一些难度,调动孩子的大脑。比如,父母在孩子背上写了一个"8",那么父母可以说:"请说出这个数字的后两位数字是几。"

2.在书写汉字的时候,可以让孩子说出一个词或者成语。比如写了一个"一",父母可以引导孩子学习"一只""一个"等简单的词语。

小语 ♥

背上写字的游戏可以培养孩子的反应能力、感知能力及孩子的注意力和耐心,对提高孩子的专注力也有很大的帮助。

15 快乐搜查

游戏目标:通过这项游戏,能够锻炼孩子的注意力,孩子需要专心注意手电光柱经过的地方,并且在找到符合自己要求的物品时喊停。

适应年龄:3~6岁

游戏时间:15分钟

受益指数:★★★

游戏用具:手电筒、红色物品等。

游戏方法:

1.这个游戏需要在晚上进行,第一个目标便是查找红色物品。

2.父母用手电筒按照一定的顺序在房间内扫射,当手电筒的光线照到红色物

品的时候，孩子就要喊："停!"

3.父母停止移动，并且上前确认该物品是否为红色，如果是，可以给孩子加分，并且游戏继续。

4.根据实际情况，设定3~5分为满分。

5.如果手电筒已经离开了红色物品，孩子才喊停，那么就不记分。如果孩子没有识别准确，也不记分。

6.一轮游戏结束后，父母可更换其他的内容让孩子搜查，比如寻找圆形的物体。

7.父母可根据实际情况，调整手电筒光移动的速度。

拓展游戏：

在玩搜查游戏的时候，父母还可以这么做：

在找到红色物体后，父母可以问孩子："红色物体的左边是什么？"答对了还可以加分。

小语

在黑暗中寻找红色物体，可以有效地锻炼孩子的专注力，再加上红色物体在黑暗中比较明显，查找起来也不是很困难，所以这就很容易引起孩子的兴趣，不会让他们感到乏味。

16 什么不见了

游戏目标：通过这个游戏，可以培养孩子的快速记忆能力和专注力。

适应年龄：3～6岁

游戏时间：10分钟

受益指数：★★★★★

游戏用具：布娃娃、铅笔、玻璃球、玩具枪、童话书等几种孩子比较熟悉的物品或者玩具。

游戏方法：

1.父母把准备好的道具一一摆放在孩子面前。

2.首先让孩子说出每一件物品的名称。

3.其次让孩子闭上眼睛，父母则将其中一件物品藏起来。

4.请孩子睁开眼睛，并且要指出什么物品不见了。

5.孩子指出来后，父母可以再拿走两件物品，来继续游戏。

6.父母可以打乱物品的摆放顺序。

7.父母在选择物品的时候，一定要是孩子认识的。刚开始的时候，可以选择一些比较容易区分的玩具。等孩子对游戏熟悉后，父母可摆放一些同类物品，加大游戏的难度。

拓展游戏：

在做这则游戏的时候，父母还可以这么做：

1. 等孩子熟练游戏之后，父母抽走一样物品，可以再摆放一种不一样的物品，这样在数量不变的基础上，让孩子猜测出缺少的物品是哪一个。

2. 在做游戏的时候，父母还可以适当地提问一些问题。比如"我刚才拿的物品可以做什么"等。

小语♡

> 3~6岁是培养孩子专注力的最佳年龄，让孩子猜猜什么物品不见了，让孩子的注意力都在这些物品上，可以训练孩子的记忆能力等，从而培养孩子的专注力。

17 "捞小鱼"的游戏

游戏目标： "捞小鱼"的游戏可以培养孩子有始有终、认真、细心的良好习惯。让孩子主动控制周边的事物，能够增强孩子的自信心。

适应年龄： 3~5岁
游戏时间： 20分钟
受益指数： ★★★☆
游戏用具： 一盆水、纸做的小鱼、大小相等的石子。

游戏方法：

1. 父母事先准备好一盆水，摆上纸做的小鱼和同等大小的石子。
2. 父母要引导孩子从水盆中捞出纸片和石块，而且要反复进行。

3.父母还可以采取竞赛的形式,让几个小朋友一起捞,看看谁捞的"小鱼"多。而且玩水是孩子的天性,这种游戏可以让孩子在体验快乐的同时,养成认真、细心的好习惯。

4."小鱼"被捞光后,父母应该给予孩子及时的鼓励,从而培养孩子的自信心。

拓展游戏:

在玩捞小鱼的游戏时,父母还可以这么做:

1.在做游戏的时候,父母可以给孩子放一些背景音乐,让孩子根据音乐的节奏来调整捞鱼的速度,考验孩子的反应能力。

2.在这个游戏中,父母还可以玩"定格"的游戏,比如孩子在捞鱼的时候,父母可以喊"定格",然后孩子就不能有任何动作了。父母和孩子的角色也可以互换。

小语♡

捞小鱼游戏可以训练孩子的动手能力和反应速度。孩子在捞小鱼的时候,必须集中全部注意力,才能够取得一个好成绩。所以,这个游戏对于孩子专注力的培养有很大的好处。

18 给花生寻找另一半

游戏目标：小小游戏，以此来培养宝宝的专注力。

适应年龄：3～5岁
游戏时间：20分钟
受益指数：★★★☆☆
游戏用具：小盘子三个，花生一袋

游戏方法：

1.父母准备好游戏所用的道具。

2.爸爸、妈妈、宝宝每个人一个盘子，每个盘子里各放10粒花生。

3.将花生壳掰成两半，然后搅拌在一起，散乱摆在盘子里。

4.一切准备好之后，宝宝发出号令，为盘中的花生壳寻找另一半，10粒全部找到后就是赢家。

第五章 西尔斯情商提高法

拓展游戏：

在玩游戏的时候，父母还可以这么做：

1.在玩游戏的时候，父母还可以为游戏制造一些障碍。比如每个人的盘子里都塞上几个多余的花生壳，增加拼接的难度。

2.可以在旁边放一些音乐，根据音乐的停放，来进行寻找的动作，没有根据音乐节奏进行的就算是输了。

小语♡

爸爸妈妈在带着宝宝玩这个游戏的时候，每个人都会因为急着找寻花生壳的另一半，而变得焦急和踌躇，这也使得游戏妙趣横生。在玩游戏的过程中，既培养了宝宝的专注力，也培养了宝宝克服困难的能力。在游戏的过程中，如果父母有意让宝宝多赢几次，那么宝宝玩游戏的兴趣会更加浓烈。

19 大家一起来找碴儿

游戏目标：通过这个游戏，来培养宝宝的记忆力和专注力。

适应年龄：2～6岁
游戏时间：15分钟
受益指数：★★☆
游戏用具：专门的找碴儿图书玩具

游戏方法：

1.首先，父母准备好游戏的道具。

2.刚开始的时候，可以让宝宝找相同的部分，以此来热热身，锻炼一下眼力。

3.父母给宝宝限定一个时间，刚开始可以放松一些，比如两分钟，让宝宝在两幅图片中找出不同的地方，比如第一张图片的大树上没有鸟儿，而第二张大树上却出现了鸟儿。

4.在游戏的过程中，不能允许宝宝翻书查找答案。

拓展游戏：

在玩游戏的时候，父母还可以这么做：

父母可以问一些课外问题，比如，"树上有只鸟儿，鸟儿是怎么叫的呢""呀,这两只鸟的颜色不一样,它们分别是什么颜色"等。

小语 ♡

宝宝两岁的时候，他的注意时间基本上能够达到7分钟，而3岁的时候则为9分钟，4岁的时候是12分钟，5岁时为14分钟。所以，两岁之后是培养宝宝专注力的关键，应该抓住宝宝的这一关键时期，培养宝宝的专注力、探索力和沟通能力。

小游戏培养宝宝的竞争意识

20 吹球

游戏目标：通过游戏，培养孩子的竞争意识。

适应年龄：4~6岁
游戏时间：10分钟
受益指数：★★★
游戏用具：纸盒、几个乒乓球

游戏方法：

1.把纸盒的上下两面剪掉，竖立在桌子上当作球门。

2.在稍远一点儿的地方，放上几个乒乓球，父母和孩子进行比赛，用嘴吹乒乓球，球能够进门就得分，最后看看谁的分数高。父母要依据孩子的肺活量，安排球和球门间的距离。

3.比赛的时候，父母要适时控制进球的多少，让孩子对这个游戏感兴趣。孩子进球之后，父母还要给予适当的鼓励。

拓展游戏：

在做吹球游戏的时候，父母还可以这么做：

可以选择颜色不同的乒乓球，父母和宝宝一同游戏。例如，宝宝的主要任务就是把白色的乒乓球吹入洞中，而父母的任务就是把橘色的乒乓球吹入洞中。若吹进的是对方的球，那么则是对方得分。

小语♡

> 吹球游戏可以提高孩子的肺活量，增强孩子的身体素质，而且在比赛过程中，还可以增强宝宝的竞争意识。

21 多功能垃圾桶

游戏目标： 通过游戏，活跃孩子的思维，在培养他们竞争意识的同时还要培养其分享意识。

适应年龄： 3~6岁
游戏时间： 20分钟
受益指数： ★★★★☆☆
游戏用具： 垃圾桶等房间里的物品

游戏方法：

1. 这项游戏可以由几对父母或者是几个小朋友一起参与，参与人员越多越好。人多的时候，还可以竞赛的方式进行。

2. 父母指着房间里的随意一样东西，例如垃圾桶，可以向孩子们询问："垃

圾桶除了装垃圾以外，还能够做什么呢？"

3.要请大家轮番作答，看看谁的答案最多。孩子们的答案可能有"当帽子""做水桶""做鱼筒"等。不过，不管多么离谱的答案，父母都不应该阻止和纠正。

4.第一轮游戏结束后，父母可以进一步提问："如果这个垃圾桶坏了该怎么办？"

5.而这一问题也需要小朋友轮番作答，提供解决问题的办法，看看谁的办法最多。

6.游戏尾声，父母可以选出几个答案作为最佳回答，而且还要及时表扬提出答案的小朋友。

拓展游戏：

在做垃圾桶游戏的时候，父母还可以这么做：

父母可以询问孩子，"如果垃圾桶坏了，家里有什么东西能够替代的呢？"孩子们可能会说"塑料袋"等。

小语 ♡

在这则游戏中，父母的提问可以增强孩子的思维能力；而在人员众多的情况下，还可以激发孩子的竞争意识。

22 抢椅子

游戏目标：增加家庭欢乐氛围，培养孩子的竞争意识。

适应年龄：3~6岁
游戏时间：15分钟
受益指数：★★☆
游戏用具：椅子

游戏方法：

1.将椅子背靠背围成圈放好，椅子的数量要比人数少一只，参赛者则是围着椅子朝一个方向跑。

2.背景音乐停下来之后，参赛者要立刻抢夺椅子，而抢不到椅子的人算输。

3.然后搬下去一把椅子，游戏继续。

4.能够坚持到最后的，算是赢家。

拓展游戏：

在玩抢椅子的游戏时，父母还可以这样做：

1.在抢椅子的时候，可以先让孩子熟悉一首歌，然后规定在某一句歌词时开始抢椅子，有益于提高孩子的反应速度。

2.抢椅子的时候，父母和孩子还可以玩接字游戏，比如父母说"1"，孩子就要接"2"。

小语♡

在做抢椅子游戏的时候，父母一定要注意孩子的安全问题，不要出现划伤、碰伤等危险。父母和孩子玩抢椅子的游戏，不仅培养了孩子的竞争意识，还锻炼了孩子的反应能力和肢体调节能力。

23 机灵的双脚

游戏目标： 主要锻炼孩子的腿部力量和控制能力，并且通过此项比赛来培养孩子的竞争意识。

适应年龄： 3~6岁
游戏时间： 15分钟
受益指数： ★★★☆
游戏用具： 四只小沙包

游戏方法：

1.父母在地上画出三条线，每两条线之间的距离为150厘米。然后每个家庭都有四只小沙包，分别散在第一条线上。

2.父母站在第一条线上，孩子站在第二条线上。

3.游戏开始，父母用脚底托着一只小沙包走到第二条线上，然后把小沙包传递给孩子，孩子利用脚尖的力量再把小沙包踢过第三条线，然后父母立刻跑到第一条线上，托着第二只沙包传给孩子，然后孩子再把小沙包踢过第三条线，就这样反复进行，直到四只小沙包全部踢过第三条线为止。

4.父母和孩子一起看看踢过第三条线的小沙包有几只，如果还有没踢过线的，那么家长可以鼓励孩子再踢一次，把小沙包踢过线。

5.游戏可以同时邀请几个家庭一起进行比赛。

拓展游戏：

在玩双脚游戏的时候，父母还可以这样做：

第一回合，父母托着沙包，孩子踢沙包。第二回合则是孩子托沙包，父母踢沙包。第三个回合，第一只沙包由家长来托，孩子踢；第二只沙包则是由孩子来托，家长踢，交替进行。

小语♡

> 沙包游戏可以培养孩子的团队合作能力，孩子3岁时就应该有意识地培养其团队协作能力和肢体协调能力，要为孩子创造一种竞争的环境和氛围，锻炼其竞争意识。

24 小鸭跳水

游戏目标： 培养孩子的思维能力和竞争意识。

适应年龄： 4～6岁
游戏时间： 15分钟
受益指数： ★★☆
游戏用具： 四根筷子、若干玩具小鸭、记分牌、小方桌

游戏方法：

1. 父母准备好所需要的道具。
2. 父母把四根筷子摆成一个正方形，形成一个"水池"的形状。
3. 父母和孩子各自坐在一边，把下巴靠在桌子上，然后用嘴轻轻吹放在桌边的小鸭，让小鸭落入"水池"即成功，最后分数多者为胜。

拓展游戏：

在玩小鸭跳水的游戏时，父母还可以这么做：

父母可以额外添加一些竞争题、抢答题，谁抢答快，谁就拥有答题的资格，反之则没有。

🧒 **小语** ♡

吹小鸭游戏不仅仅训练孩子的竞争能力，而且还能够锻炼孩子的思维能力。

25 运气球

游戏目标： 通过游戏，来培养孩子良好的竞争意识。

适应年龄： 4～6岁
游戏时间： 20分钟
受益指数： ★★★★☆
游戏用具： 气球若干个

游戏方法：

1.游戏可以在社区进行，多邀请一些小朋友参加，分成若干组。

2.家长在地上画出两条相距七八米的平行线，一条为起点线，一条作为终点线，在起点线和终点线那里各自准备好一只气球，两个孩子为一组，进行比赛。

3.开始命令下达后，两个孩子要把起点线的气球顶在两个人的头中间，然后将气球运到终点线，然后再把终点线的气球用同样的方式运到起点线。

4.如果气球在中途掉落在地上，那么就要让孩子自己捡起来，重新放到头顶上，再继续前进。

拓展游戏：

在玩运气球游戏的过程中，父母可以这样做：

1.在运气球的路上，设置一些障碍物，增加两人配合的难度。

2.可以运用一步一歌的方式。比如，父母说出一句孩子熟悉的歌词，让孩子接下一句，几组队员抢答，答对者向前迈出两步，而答错者则原地不动。

小语 ♡

与人合作是每个孩子从小就需要学习的能力，它不仅体现在生活中，还体现在学习上。明白合作的重要性，懂得合作的必要性，才能够进行良性竞争。

26 击打气球

游戏目标：在这个游戏中，可以培养宝宝的竞争意识和合作意识。

适应年龄：4~6岁

游戏时间：15分钟

受益指数：★★★☆

游戏用具：气球若干个

游戏方法：

1. 父母准备好所有的道具。

2. 召集几个小朋友，以两个人为一组，每组分发一个气球。

3. 当游戏开始后，宝宝们将气球抛向空中，然后用手拍打气球，在规定时间内不让气球落地便算赢。

拓展游戏：

在玩游戏的时候，父母还可以这么做：

可以在某个地方放置一些额外的物品，宝宝在顶气球的同时，可以协作拿一些这样的物品，拿的多者算胜。

小语 ♡

顶气球游戏是一个合作的过程，孩子们为了实现同一个目标而努力，他们感受着同伴的力量和合作的快乐。年龄大一些的孩子，可以增加其游戏难度，比如用鼻子顶气球等。

小游戏培养宝宝坚强的品格

27 狮子、老虎跳

游戏目标： 在这项游戏过程中，可以锻炼孩子的反应速度和专注力，并且培养孩子的抗挫折能力。

适应年龄： 3~6岁
游戏时间： 10分钟
受益指数： ★★★☆
游戏用具： 若干个动物卡片

游戏方法：

1. 妈妈作为司令官，邀请几个小朋友共同玩游戏。

2. 把动物卡片翻转过来，孩子所抽到的动物就是自己的角色，比如狮子、老虎、大象、猴子等。

3. 妈妈发出动作指令后，相应的角色要快速做出反应，例如老虎蹲、狮子跳等。

4.妈妈每一次可以变换角色的顺序、动作的内容，指令也可以时缓时快。

5.做错动作三次的参与者，就要被暂时淘汰，也可以和妈妈一起做裁判。

6.剩下的最后一位为胜利者。

拓展游戏：

在做狮子、老虎跳游戏的时候，父母还可以这样做：

1.比如，妈妈可以在做游戏之前，问孩子"谁是丛林之王""谁的尾巴最长""谁的鼻子最长"等问题。

2.还可以玩调转顺序的游戏。比如，猴子去狮子的左边，老虎跳到大象的右边等。

小语 ♡

狮子、老虎跳所要锻炼的就是孩子的耐力和身体反应能力。一般情况下，父母应该积极鼓励孩子多参加活动，有意识地培养其克服困难的能力。玩这个游戏的时候，会消耗一定的体力，对于那些意志不坚强、耐力不足的孩子，是一个很好的挑战。

28 太好啦

游戏目标：通过游戏，培养孩子在逆境中的乐观品质。

适应年龄：3～6岁

游戏时间：30分钟

受益指数：★★★☆

游戏用具：无

游戏方法：

1.爸爸扮演困境的制造者，给妈妈和孩子"制造"各种困难。

2.在爸爸说出困难之后，妈妈和孩子要一起说："这真是太好了。"然后还要各自说出理由。

3.例如爸爸非常沮丧地说："真糟糕，这么热的天竟然停电了，看来今天晚上是睡不着了。"

4.妈妈和孩子先是一起高兴地大喊："这真是太好了！"然后再说出一项积极正面的理由，比如"我们可以吃个烛光晚餐""我们可以去楼上扎个帐篷，看星星喽"等。

5.而爸爸则继续"制造"困难，重复游戏。

6.平时，父母可以多给孩子讲一些正面积极的故事，让孩子知道凡事都有好的一面，尽量从积极乐观的一面去看待和解决问题。

拓展游戏：

在玩游戏的时候，父母还可以这样做：

可以互换角色，引导孩子说出他心里所认为的困难，然后父母回答，在游戏的基础上，解决孩子心中的困难。

小语 ♡

> 坚强的意志并不是天生就有的，而是在困难中一步步磨炼出来的。父母应该让孩子从小就认识到挫折在人生中是不可避免的，而且也应该让孩子明白在遇到挫折的时候，要凭借自己坚强的意志去战胜它。

29 语言的力量

游戏目标：这一组游戏有6对解决问题的基础词汇：是／不是、和／或、有些／全部、之前／之后、现在／以后、同样／不同。运用这些字词来提高孩子解决问题的能力。

适应年龄：3～6岁
游戏时间：20分钟
受益指数：★★★☆☆
游戏用具：饼干、橘子等日常所能够见到的事物。

游戏方法：

1.这是一块饼干，它属于甜食，但不是主食。这是一个橘子，它是主食吗？当然，它也不是，它只是一种水果，和饼干一样，都不是主食。

2.你读书的时候，会选择晚饭之前还是晚饭之后？自然是晚饭之前。

3.每次可以说更多的句子来重复加强对一对字词的掌握。

4.这些字词能够帮助孩子很好地解决问题。比如：如果孩子和小朋友发生矛盾了，他可能会哭着向妈妈控诉，例如"小名抢夺我的汽车玩具，还打我""小芳不让我玩她的玩具"。而妈妈这时可以向孩子了解一下之前发生了什么事情，要正确引导孩子不能抓住矛盾的本身不放，而是应该根据事情的来龙去脉

来思考和解决问题。

5.接下来，妈妈可以给孩子一些正面的建议："如果你当时……，结果还是会是这样吗？"孩子就会反思这些问题，而妈妈便可以进一步引导孩子，应该思考一下当时所选择的解决问题的方式，对还是不对？

6.当孩子掌握了上面6对词汇之后，妈妈还可以继续教孩子一些字词。例如："如果/那么""可能/或许""因为/所以""公平/不公平"等，并且要不断地练习。

拓展游戏：

在玩字词游戏的时候，父母还可以这么做：

父母可以给孩子创造字词游戏的场景。比如，父母在一起商讨问题，最后假装生气。而这个时候，孩子作为劝解人出现，要讲出事情的前因后果，要学会用"因为……所以……"。

小语 ♡

每个人都在运用语言，却很少有人知道语言的力量到底有多大。可以这么说，一句话可以改变一个人的命运，一句话可以改变一个人的人生，你所运用的语言不同，那么你所经受的生命质量也不一样。所以，不管怎么样，父母在教育孩子的时候，一定要把语言放在一个重要的位置上，让孩子了解语言的魅力，让好的语言成为他成长的一部分。

30 怎么办

游戏目标：通过游戏，培养孩子解决问题、对抗挫折的能力。

适应年龄：4～6岁
游戏时间：15分钟
受益指数：★★☆
游戏用具：镜子、椅子、安全剪刀

游戏方法：

1.父母要准备好游戏所需要的道具。

2.孩子扮演理发店的店主或者孩子喜欢的其他职业，而父母则扮演不同身份的顾客。

3.父母可以抱着家里的布娃娃来理发，中途装作布娃娃一直在哭闹，而不愿意理发。父母要请教理发店店主该怎么办？如果孩子实在想不出什么办法，父母则可以给他相应的提示，比如，有没有什么好玩的玩具可以给他玩呢？这时，店主就会找出来一些玩具，布娃娃也就停止了哭闹。

4.等孩子找到解决办法之后，妈妈还要以顾客的身份对店主提出赞美和感谢。

拓展游戏：

在玩上述游戏的时候，父母还可以这样做：

1.父母可以再次扮演其他的角色前来理发，也可以对店主提出自己不满的地方，稍微地"为难"一下店主，然后鼓励孩子找到解决问题的方法。

2.在日常生活中，妈妈也可以稍微制造一点小麻烦让孩子来解决，以此来锻炼孩子解决问题的能力。

小语 ♡

父母应该从小培养孩子解决问题的能力和习惯，让孩子独立解决问题。所以，父母应该不定时地给孩子出一些简单的小问题，给孩子解决问题的机会。这样一来，以后孩子遇到问题的时候，也就会自己找寻方法，而不至于手足无措了。

31 说说看

游戏目标：通过游戏，希望能够提高孩子接受、认知挫折的能力。

适应年龄：4～6岁
游戏时间：20分钟
受益指数：★☆
游戏用具：无

游戏方法：

1.父母和孩子在一起玩接龙游戏。父母先讲一个不好的开头，例如："有一次，小白兔的心情非常不好，因为今天的天气非常热，它都没有办法去逛街

了。"然后这个故事由孩子接着来讲，不过要把故事往积极的方向讲："不过，虽然无法逛街，但是它可以约上小猫咪一起去游泳了呀！"

2.紧接着，下一个人也要以这样的方式开场，然后再让另一个人把故事往好的方面去引导，就这样反复地做游戏。

3.做游戏的时候，一定要注意引导孩子以乐观积极的心态去看待困难。

拓展游戏：

在玩说说看游戏的时候，父母还可以这样做：

1.可以让孩子设身处地地去想问题。比如，如果你是小白兔，天气太热，你会做什么呢？

2.父母也可以问，如果你的好朋友小明因为考试没有考好，你该如何劝导呢？

小语♡

让孩子去解决问题，给孩子充足的自信心。孩子只要有了自信，就会拥有积极向上的性格和克服困难的决心。

32 剥鸡蛋

游戏目标：通过游戏，锻炼孩子的专注力，而这个游戏的难度比较高，还可以磨炼孩子的耐心。

适应年龄：3~6岁

游戏时间：15分钟

受益指数：★★★☆

游戏用具：熟鸡蛋、垃圾篓、盘子

游戏方法：

1. 父母要提前准备好需要的道具。
2. 妈妈用盘子装好煮熟的鸡蛋，鸡蛋要放凉一些，以免烫手。
3. 妈妈和孩子洗干净手后，做好剥鸡蛋的准备。
4. 妈妈要教给孩子如何将鸡蛋磕开一点缝隙，怎样剥去鸡蛋的外皮，再怎么样剥掉里面的一层薄皮。
5. 妈妈和孩子进行剥鸡蛋壳的比赛，看看谁剥出来的鸡蛋干净又光滑。
6. 把剥好的鸡蛋放在盘子里。
7. 和孩子比赛的时候，一定不能图一时的速度，而是应该耐心地进行每一个步骤才行。

拓展游戏：

剥鸡蛋的时候，父母还可以这样做：

1. 剥鸡蛋不能图速度，所以在剥鸡蛋的时候，可以让孩子给父母讲一

个小故事，或者自己编一个小故事也可以。这样可以锻炼孩子的思维能力。

2.孩子的耐心和定力都不是很好，所以在剥鸡蛋的时候，父母一定要想方设法地引起孩子的兴趣，说一些激励的话语。比如："剥鸡蛋可不是谁都能做成的哦，你要加油。"

小语

要想培养孩子的耐心，就需要父母做一个好榜样。在游戏开始之前，父母就应该让孩子将他正在做的事情做一个好的总结。比如，孩子到了洗澡的时候，父母就应该告知孩子，看完这个故事之后就应该去洗澡了。在做游戏的时候，父母也应该尽量引导孩子把游戏完完整整地做下来，以此养成良好的习惯。

33 穿起来

游戏目标： 训练孩子用两只手一起合作完成指定任务，培养孩子的抗挫折能力。

适应年龄： 4~6岁

游戏时间： 20分钟

受益指数： ★★★★☆

游戏用具： 一根线、一些带孔的玩具

游戏方法：

1.父母给孩子准备好一些带孔的玩具和一根长线，让孩子将这些玩具用线一个个串起来。

2.玩具的孔不宜太大，给孩子确立一个目标，比如串5个。

3.在游戏过程中，一定要保护孩子的自信心，让孩子体会到手指精细动作游戏的乐趣。

拓展游戏：

在做这个游戏的时候，父母还可以这样做：

1.在孩子串玩具的时候，父母可以进行课外引导。比如："你看，衣服上的扣子也是妈妈这样用线缝上的哦。"

2.让孩子自己想象，可以问孩子："宝贝，除了玩具以外，你觉得家里还有什么是用线串联起来的呢？"

小语♡

要想给孩子充足的自信心，就要让孩子体会到成功的喜悦，所以父母应该及时给予孩子创造体验成功的机会，以此来增强孩子的自信心。

后记

对模板教育说"不"

兵无常势，水无常形。同样，教育也没有定式。

打开电视，各式各样的节目都在说教育，但究竟谁是对的呢？相信没有一个所谓的专家敢说他的方法就是无敌的，也没有一个学者敢确定他的方式就是万能的。因为教育是人对人的行为，是有思想的生命体之间的互动，什么情况都有可能发生。所以，西尔斯认为教育最关键的点就在于灵活。

同样一个方法，放在A家庭管用，放在B家庭或许就失效了，这就告诉我们教育要因地制宜、因时制宜。

你的孩子或许从出生起就爱哭闹，但那又怎样？父母夜里多起来几次，多哄哄宝宝，孩子也一样平安成长；你的孩子或许学走路比别人晚，但那又怎样？多练习几次也一样能从蹒跚到稳健。

后天教育对孩子的影响要远超过孩子的潜能。人出生的时候，都是差不多的，婴幼儿阶段的孩子就是一张白纸，你给什么，他就写什么。而成长时所处环境的不同，慢慢地，有的孩子成了天才，有的孩子却趋于平庸。相信你也明白，过于刻板的教育扼杀的不仅是孩子的天赋，更是他的灵魂。所以，当你想将模板教育加之于孩子的时候，请想想是否已然得不偿失。